以跨文化意识为导向的外语教学

王 爽 温盛妮 著

北京工业大学出版社

图书在版编目（CIP）数据

以跨文化意识为导向的外语教学 / 王爽，温盛妮著. —北京：北京工业大学出版社，2021.2
　ISBN 978-7-5639-7833-5

Ⅰ．①以… Ⅱ．①王… ②温… Ⅲ．①外语教学－教学研究 Ⅳ．①H09

中国版本图书馆CIP数据核字（2021）第034134号

以跨文化意识为导向的外语教学
YI KUAWENHUA YISHI WEI DAOXIANG DE WAIYU JIAOXUE

著　　者：	王　爽　温盛妮
责任编辑：	李倩倩
封面设计：	知更壹点
出版发行：	北京工业大学出版社
	（北京市朝阳区平乐园100号　邮编：100124）
	010-67391722（传真）　bgdcbs@sina.com
经销单位：	全国各地新华书店
承印单位：	涿州汇美亿浓印刷有限公司
开　　本：	710毫米×1000毫米　1/16
印　　张：	9.25
字　　数：	185千字
版　　次：	2022年7月第1版
印　　次：	2022年7月第1次印刷
标准书号：	ISBN 978-7-5639-7833-5
定　　价：	58.00元

版权所有　　翻印必究

（如发现印装质量问题，请寄本社发行部调换 010-67391106）

前　言

随着世界经济一体化、文化多元化的快速发展，高校外语教学的重要性逐渐显现，这对我国高校培养具有跨文化交际能力的高素质人才提出了新要求。然而，我国高校外语教学实际长期实行以语言知识体系为中心的传统教学模式，没有给予文化教学和文化学习以足够的重视，严重影响了学生跨文化交际能力的提高。

根据当前的跨文化交际需要，高校外语的教学目标是培养学生的语言应用能力，使其增强跨文化交际意识和提高交际能力。这需要我们分析高校外语跨文化教学的现状，摸清高校外语跨文化教学中存在的具体问题及其根源，以便有针对性地分析研究和采取策略，从而有效提高学生的跨文化交际能力。

本书主要分为六章。第一章为我国高校外语教学的发展背景，其中对高校外语教学理念、我国高校外语教学的现状进行了总结论述；第二章为跨文化外语教学的本土化探究，其中重点探讨了跨文化交际的概念、我国跨文化外语教学存在的问题以及跨文化外语教学的本土化提升这三方面的问题；第三章重点研究了跨文化背景下文化在外语教学中的意义，其中分别对文化与交际、文化在语言教学中的意义和基于跨文化理念的外语教学进行了详细的梳理；第四章重点论述了外语教学中的跨文化意识培养，其中包括跨文化意识的认知培养、跨文化意识的情感培养、跨文化意识的行为培养这三个方面；第五章是以跨文化意识为导向的外语教学模式构建，其中包括探究式外语教学、任务型外语教学、体验式外语教学、参与式外语教学、情境式外语教学这五种外语教学模式；第六章重点探讨了以跨文化意识为导向的外语教学创新，从以跨文化意识为导向的外语教学策略创新、以跨文化意识为导向的外语教学目标优化这两个方面入手分析。

在撰写本书的过程中，为了提高本书的质量，作者特意请教了多位专家学者，并得到了多方的鼓励和帮助，在此表示真诚的感谢。然而，由于作者自身知识储备尚不充足、写作能力尚待提高，书中难免有不尽如人意之处。希望本书的出版能够为高校相关专业教师的教学工作和广大学生的学习带来些许帮助。同时，恳请广大读者能够对本书进行批评和指正，作者将会积极听取各方的意见和建议，不断对本书进行修改和完善。

目 录

第一章 我国高校外语教学的发展背景 ………………………… 1
    第一节 高校外语教学理念 ………………………………………… 1
    第二节 我国高校外语教学的现状 ………………………………… 8

第二章 跨文化外语教学的本土化探究 …………………………… 11
    第一节 跨文化交际的概念 ………………………………………… 11
    第二节 我国跨文化外语教学存在的问题 ………………………… 15
    第三节 跨文化外语教学的本土化提升 …………………………… 27

第三章 跨文化背景下文化在外语教学中的意义 ………………… 42
    第一节 文化与交际 ………………………………………………… 42
    第二节 文化在语言教学中的意义 ………………………………… 56
    第三节 基于跨文化理念的外语教学 ……………………………… 60

第四章 外语教学中的跨文化意识培养 …………………………… 63
    第一节 跨文化意识的认知培养 …………………………………… 64
    第二节 跨文化意识的情感培养 …………………………………… 72
    第三节 跨文化意识的行为培养 …………………………………… 80

第五章 以跨文化意识为导向的外语教学模式构建 ……………… 92
    第一节 探究式外语教学 …………………………………………… 92
    第二节 任务型外语教学 …………………………………………… 102
    第三节 体验式外语教学 …………………………………………… 107
    第四节 参与式外语教学 …………………………………………… 112
    第五节 情境式外语教学 …………………………………………… 118

第六章　以跨文化意识为导向的外语教学创新 …………………… 127
　　第一节　以跨文化意识为导向的外语教学策略创新 …………… 127
　　第二节　以跨文化意识为导向的外语教学目标优化 …………… 129

参考文献 …………………………………………………………………… 140

第一章 我国高校外语教学的发展背景

值此经济与文化日新月异的新时代，跨文化交际与外语教学之间的关系愈发紧密。对于现代高校来说，外语教学属于一种与跨文化交际相关联的教学活动。之所以开展外语和跨文化交际教学，主要是为了培养学生跨文化交际的能力。这就要求国内从事外语教学工作的教师不但需要具有一定的跨文化交际能力，还需要具备带领学习者不断提升其跨文化交际能力的教学能力。本章以高校外语教学理念为起点，主要对我国高校外语教学的现状进行了深入探究和分析。

第一节 高校外语教学理念

从20世纪70年代开始，外语教学的核心目标是培养学习者的交际能力。到了21世纪，外语教学的目标开始逐步变为培养学习者在跨文化交际方面的能力。

在实际的跨文化社交中，交际能力与跨文化交际能力的培养息息相关，这就要求教师在开展外语教学时，要紧密结合语言教学中的文化教学。因此，我们需要了解交际能力和跨文化交际能力之间的关系和区别，将跨语言交际融入外语教学中。

一、外语教学的目标

交际能力的培养一直是外语教学的主要目标，主要是针对以下能力进行培养。

（一）交际能力

20世纪70年代，交际能力的概念才正式得以问世，这个概念的"横空出世"对于那个年代由乔姆斯基所提出的"语言能力"形成了很大的冲击。在他看来，在实践语言交际的时候，人们日常的语言行为不但要保持语法方面的正确性，同时还要有合适的语用。当交际能力的概念被广泛应用在外语教学领域时，众多的学者尝试透过不同的视角来对交际能力的内在意义进行诠释。依据学者们所持的观点不难看出，交际能力主要由四个方面构成。

1. 语法能力

语法能力即对单词、句型和语法规则加以正确使用的能力。

2. 社会语言能力

社会语言能力即参照具体的场合、时间和对象来使用合适的语言，从而营造良好的语境的能力。

3. 语篇能力

语篇能力即在对大语境进行理解的基础上，把里面的长句拆分后形成有机整体的能力。

4. 战略能力

战略能力即通过语言和非语言策略来对沟通方面的障碍加以识别和克服的能力。

交际教学法当中的理论基础是交际能力，随着交际能力的提高，外语教学开始越来越重视具体的功能和环境以及适当的语言表达，尤其是语言中所隐藏的文化规则、文化教学已开始在语言教学当中扮演着重要的角色。

伴随着经济全球化的趋势和日渐复杂的外语教学环境的熏陶，培养交际能力的教学目标曾一度受到部分学者的质疑。来自西方的学者对交际能力的培养需要把母语作为基础的说法给予了批评。这部分学者认为，外语学习者为了更好地学习外语而选择放弃个人日常的语言习惯，致使其不断偏离个人文化身份的做法是行不通的，交际能力之所以有一定局限性，根本原因在于交际语境所存在的差异性，它不能很好地使教学的需要得到满足，更无法使跨文化交际对环境的要求得到满足。

（二）跨文化交际能力

从20世纪90年代开始，西方一些从事语言学教育的学者把跨文化交际能力的培养设定为外语教学方面的主要目标。

那么，何为跨文化交际能力？依照拜拉姆所给予的定义，跨文化交际能力指的是与那些来自不同文化环境的人开展有效沟通的能力。跨文化交际能力包含个人对于他人行为和价值观所持的观点，以及通过使用一种非价值判断的态度来与人进行沟通的技巧。由拜拉姆观点所衍生出来的跨文化交际能力的要素主要包括以下方面。

1. 态度

求知欲强，思想开放，信仰自己的文化。

2. 知识

了解自己和对方文化群体的风俗习惯、产品和社会交往的一般程序。

3. 诠释和关联技巧

这指的是对与其他文化相关的文化进行诠释的能力，以及对自我文化的文化部分加以诠释的能力。

4. 发现与交际能力

这指的是获取某种与特定文化习俗相关的新知识的能力，以及在真实交际过程中使用个人知识、技能的能力。

5. 批判性文化意识

这指的是对个人文化和其他文化所设定的标准、所持的观点、形成的习惯加以批评性评价的能力。

由此不难看出，跨文化交际能力主要是由知识、态度、技能和文化意识所构成的，属于一种与情感、认知和行为都有关联的综合能力。进入21世纪这个经济全球化和文化多元化的教学环境当中，培养跨文化交际能力成为一个极为现实且理想的教学目标。只不过，跨文化交际能力与交际能力各自所要实现的目标并非对立的关系，而是一种互补的关系。相关的学者指出：交际能力属于跨文化交际能力当中的一部分，但并不局限于交际能力。这两个方面的培训目标各自有所偏重，是相互补充的关系。交际能力更侧重于语言能力，注重在一个特定的文化语境当中以恰当的方式进行交际的技能；作为由态度、知识和技能共同组成的综合能力——跨文化交际能力，它注重的是对于文化的深层次理解和对不同文化所持的积极心态。

二、文化教学的目标

语言与文化是缺一不可的，在外语教学当中，文化教学扮演着重要的角色。美国在《21世纪外语学习标准》当中指出要把对文化的理解融入外语课程的教学，并确定了开展外语教学的五个目标，分别是沟通（Communication）、文化（Culture）、连接（Connection）、比较（Comparison）和社区（Community）（图1-1），也称为"5C目标"。

图 1-1　5C 目标

学者谢利提出，文化教学的目标具体可以分为以下七个方面：

①对人们的外在行为会受到一些文化的影响加以认识；

②对人们的外在行为会受到年龄、性别、所在社会阶层以及生活环境的影响加以认识；

③了解目的语文化中人们的行为，也就是文化行为；

④加深对与目标词汇和短语相关的文化内涵的理解，并恰当地加以使用；

⑤透过具体的例子来使学生的评价和总结目标文化的能力得到提高；

⑥掌握对目的语文化信息进行检索和整理等的必要技能；

⑦进一步增加学生对于目标文化知识的渴慕，引导他们更多地与该文化的人之间产生共鸣。

三、外语文化教学的原则

文化教学的内容主要包括文化因素、文化观念、文化产品、文化习惯。体验式教学是主要的教学模式，所以，外语文化教学应当遵循以下几个原则。

（一）以文化为基础准则

在教育当中的文化主要分为显性文化和隐性文化，比如文化产品、文化行为、文化体系等都属于显性文化；而价值观、交际方式、思维方式等都属于隐性文化。实质上，隐性文化当中的价值观、行为规范等因素与跨文化交际能力之间有着密切的关系，而且系统的研究显示，跨文化交际当中有很多的误解都源自文化领域。若只对出现的文化现象进行解释，只对可以看到的文化行为和习俗进行介绍，缺少对文化背后的原因进行分析的话，就很容易让学生对此产生刻板印象。所以，在文化教学过程中，应当尝试将文化产品教学、文化观念教学和文化行为习惯教学进行有机的融合。

除此以外,在文化当中发挥主导作用的因素和隐性因素之间时常是互相作用的。显性的文化产品和习俗表现出隐性文化观念,而隐性文化观念也得以展现出显性文化产品和各种习俗。唯有对某种文化的产品、观念和习俗之间的联系进行深入了解,方可完全理解该种文化所特有的本质特征。

（二）以学生为中心,以教师为主导

大部分的文化教学都将教师作为核心,教师主要负责传授文化知识,而学生只能被动地获取知识。为了使学生的跨文化交际能力得到提升,整个文化教学应当由起初的将教师作为核心慢慢地转向将学生作为中心,由之前的文化教学转变为文化学习,引导学生以主动的方式来获取知识。

在开展文化教学的过程中,首先要对学生的需求、兴趣和教育背景加以考虑。在教学的初期,我们应当采用调研等方式,了解学生们真正的需求,了解他们对何种文化主题和教学活动比较感兴趣,了解在文化教学方面他们有哪些期待和要求。在了解学生需求的过程中还要对学生个人的生活经历和知识背景加以考虑,并将这些作为基础来对文化教学的具体内容进行选择,进而增强学生学习文化的动力,加深学生对文化的理解。

在进行文化教学的时候,教师主要扮演着以下角色：文化教学的设计者、文化态度转变的推动者、文化知识的顾问、文化行为的训练者、文化意义的探索者、跨文化交际的中介。

教师要引导学生尽可能地参与到学习当中,使学生一步步转变为整个文化学习的主体。把学生看作教学中心并不表示教师就不能发挥其重要作用,而意味着教师正由一个文化知识传播者转变为更多的角色。在具体学习当中,要对学生的理解能力和跨文化交际能力加以培养,把以往以教师为中心的"说"文化转变为以学生为中心的"做"文化,比如教学当中的讨论、观察、演讲、访谈、案例分析、角色扮演和小组任务等。

（三）认知学习与体验式学习相结合

传统文化教学运用的是教学、阅读、讨论的模式。这种以认知为基础的文化教学模式对于增加学生的文化知识还是很有帮助的,但对学生跨文化交际能力的培养不能发挥出很明显的作用。

跨文化交际能力是一种囊括了知识、行为和态度的内在的综合能力,一些学者经过长期研究后,开始大力倡导体验式学习或以过程为基础的教学模式。还有一些研究表明,开展体验式学习模式,有助于提高学生的文化意识和跨文化意识。

有效的跨文化交际训练需要认知与经验的结合，这种体验式文化学习模式是以文化体验、文化观察、文化概括和文化实践为基础的，需要学生充分参与。

通常而言，比较适合开展文化内容教学的方式是认知学习，而体验式学习更适合在学习主观文化和语言时应用，通常会借助于自我评估、案例分析、问卷调查、小组活动、角色扮演、跨文化的比较与互动等方式来激发学生学习的积极性。表1-1为认知学习与体验式学习两种方法的比较。

表1-1 认知学习方法与体验式学习方法的比较

认知学习的方法	体验式学习的方法
文化——知识	文化——行为和意识
教学方式以教师为中心	教学方式以学生为中心
注重文化教学的内容和结果	注重文化教学的过程
以"讲"文化为主	以"做"文化为主
演绎的方法	归纳的方法
知识储备	能力培养
讲授、阅读、讨论、文化注释、文化提示等	角色扮演、案例分析、小组活动、实地考察等

（四）文化教学与语言教学相结合

在外语教学工作中，文化教学最为显著的特点是其与语言教学是紧密相连、缺一不可的，但究竟该如何使语言教学与文化教学实现有机融合始终是一个难题。所以，我们需要在对语言知识进行解释的时候深入挖掘语言当中的各种文化因素，在对这些文化进行学习和讨论的时候，可以针对学生的听、说、读、写能力加以训练，从而全方位地培养他们在描述文化现象、比较文化之间的差异、总结文化特征、评价文化观念等方面的语言应用能力。

（五）课堂教学与课外文化实践相结合

文化实践的优点主要有两个方面：一是可以获取真实的文化体验，引导学生深入感受到文化所特有的动态性和多样性，透过文化的内涵来对语言的特点进行了解；二是可以为外语的真实交际创造更多机会，使得文化实践的内容不但包含文化学习，还包含语言的学习，全面培养学生的文化能力、语言能力和交际能力。

但是，若文化学习只是停留在体验和参与阶段，而没有深入思考和全面概括的话，就会致使整个学习变得零碎、肤浅、缺乏系统性。所以要把课外的文化实践与课堂当中的学习进行巧妙的融合。

（六）教学过程中挑战与支持相结合

在论及跨文化交际能力方面的教学时，笔者分享了一个颇具启发意味的观点：针对跨文化交际能力所进行的学习应当在学习内容与学习过程所存在的挑战和支持之间保持均衡——若学习内容和学习过程太简单的话，学生就会感到无聊；如果学习内容和学习过程太难，学生就会产生抵触心理。

这个观点让教育工作者意识到，若所学的内容较为复杂抽象，那么学习过程和方法就相对比较简单；若所学内容简单易懂的话，那么学习的过程和方法就需要有一定的挑战性。唯有在挑战和支持之间寻找到一个平衡点，才能使学生在学习知识和发展技能时产生更好的效果。挑战与平衡具体包括四种情况，如图1-2所示。

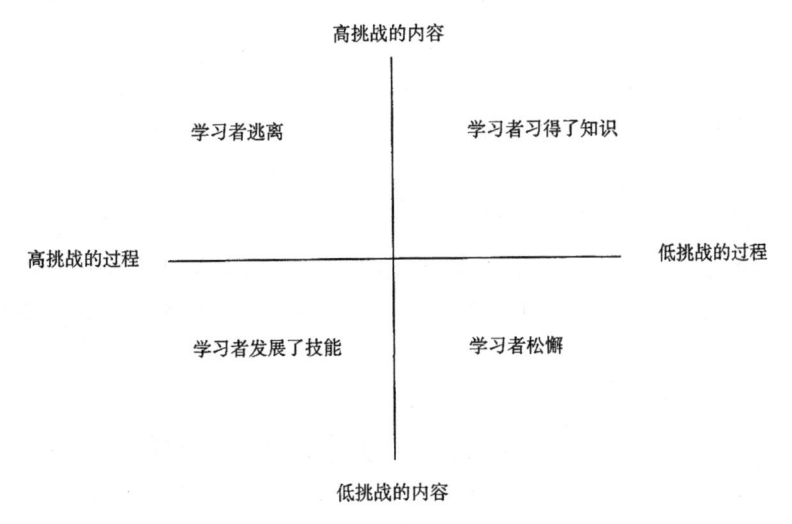

```
                     高挑战的内容
                          │
          学习者逃离       │       学习者习得了知识
                          │
  高挑战的过程 ────────────┼──────────── 低挑战的过程
                          │
          学习者发展了技能 │       学习者松懈
                          │
                     低挑战的内容
```

图1-2　挑战与平衡

主观文化范畴当中的思维方式、价值观等是比较抽象的，而具体的学习过程或教学方法应当是较为简单的。非语言交际行为和社会交际习惯的相关内容相对都比较具体且容易理解，因此我们应当设计出比较复杂和有着一定挑战性的活动，比如教学当中的角色扮演和场景模拟。

（七）文化教学内容与学生的语言水平相适应

在文化教学中，对学生文化学习的过程和结果有着一定制约作用的关键因素是学生的语言水平。为了使语言教学更好地融入文化教学当中，就要对文化教学的具体内容和方法进行调整，使其与教学对象的语言水平相匹配。

1. 初级阶段

通过采用角色扮演、实物展示、提问等较为简单的方式,引导学生尝试使用一些简单的句型和常用词汇来践行文化行为。在学习语言的初期,学生需要牢记于心的表达方式还不是很多,个人的听说读写能力也不是很高。这个时候,文化教学的具体内容应当聚焦于日常生活中与之相关的各个方面,比如与言语行为相关的规则、社会当中的基本礼仪等。

2. 中级阶段

通过使用文化知识提示、文化比较、场景模拟、对话分析等方法,引导学生尝试使用比较长的复合句来对一些文化现象加以描述。进入中级阶段后,学生个人的语言水平也会随之提高,可以学习一些基本的文化知识,比如文学故事、京剧、书法、历史人物等,来充分彰显独具中国特色的文化知识。

3. 高级阶段

通过案例分析、小组探究、文献阅读、问卷调查以及演讲的方式,带领学生在一个相对比较复杂的段落当中围绕复杂的文化话题来展开讨论。进入高级阶段以后,我们应当把文化的态度和观念作为重点讨论和研究的对象。需要特别留意的是,文化是比较多样化的,即便相同的文化主题当中也会包含很多不一样的地方。所以,当语言阶段不同时,与文化相关的话题和内容可以重复,但伴随着学生语言水平的逐步提高,文化内容自身的复杂性需要不断进行提高。

第二节 我国高校外语教学的现状

伴随着当今全球科学技术的不断进步,国与国之间的竞争越发激烈。在世界经济一体化、文化多元化的大环境下,对外语言方面的优势在增强国家的国际竞争力方面体现得越来越明显。在全球经济发展的大趋势下,伴随着中国经济的高速发展,国家的整体实力得以提升,这意味着学习并掌握一到两门外语就会使国际竞争力得到极大的提高,而培养出一大批具备国际竞争力的高素质人才的关键在于加大高校外语教学的改革力度和提高人才培养的质量。

近年来,外语教学更是被国家和一些教育主管部门提升到一个关乎民族复兴和国家国际竞争力的高度。只是,因为各种原因,外语教学改革历程中依然有着很多较为突出的问题亟待解决。

一、我国高校外语教学的现状

从理论层面讲，文化教学在外语教学当中所扮演的重要角色已经获得了国内外语教学领域的普遍认可，但在具体实践过程中，整个教学的现状依然不是很乐观。通过对已毕业大学生在外语应用方面所做的跟踪调查发现，具有一定外事交流能力的学生只是极少数。大多数学生要么是只会说，不会实际沟通；要么是根本就没有掌握好一门外语。

究其原因，在于他们对外语和文化缺少深入的理解，对于目的语的使用规则是完全不了解的，沟通过程中也容易出现误解，从而产生严重的后果，这些情况说明我国外语跨文化教学的现状并不是很好。

大多数的外语教学使用的是传统教学方法：教师负责全程讲授，而学生只能选择被动聆听，致使学生缺乏深入的参与和互动。语言学习和文化学习处于各自独立的状态，师生之间缺少充足的互动，使得整个素质教育依然驻足于理论层面。进入21世纪以后，国际竞争愈演愈烈，文化也日渐成为交际活动当中必不可少的关键因素。只是，高校当中的外语教学却很少提及文化教学。

依据相关数据的统计，可以很清晰地看到我国外语教学的真实现状：第一，授课教师单单看重课本上的知识，却没有对学生学习外国文化给予足够重视；第二，大学中所使用的教学模式和方法比较陈旧，具体的教学内容与时代发展是脱节的；第三，高校当中外语教师的文化素养和专业知识亟须全面提升和完善。

综合来看，高校外语教学不应该只是进行简单的语言学习，还应该在深入了解中国文化的基础上，利用比较分析和其他方法来理解目的语国家的文化。

二、跨文化交际对我国高校外语教学提出的要求

（一）人才培养观念需要转变

伴随着全球经济一体化的持续推进，有着良好知识结构、较强外语能力，对于外国文化传统和交际礼仪颇为熟悉，能够从容处理国际事务、进行国际交际的人才变得越来越重要，因此，高校需要转变人才培养观念。

1. 正确理解和对待不同文化之间的差异

要善于发现其他文化所存在的优点，唯有如此方可以客观、公正的心态对待不同文化。与此同时，我们还要在各种不同的文化当中寻找相似的地方。

2. 良好的文化适应能力

在跨文化交际当中，不免会出现文化冲突，这或多或少会对人们之间的深入交流产生影响。唯有不断提高个人的文化适应能力，方可为跨文化交际的顺畅进行提供保障。

3. 双向文化交际和互动的基础

丰富的词汇和纯正的语言表达无法成为跨文化交际顺利开展的保障。人们对世界上各个国家的历史、地理、生活方式、文化习俗以及价值观所进行的了解往往发挥着重要作用。伴随着中国改革开放的不断深入，人们开始意识到，唯有实现对外语的熟练掌握和使用，使个人的跨文化交际能力得到提高，方可很好地开展国际交流。

高校当中的外语教学一定要转变原有的教学观念，由起初的看重语言教学开始转变为在此基础上加强文化教学，加强对学生跨文化交际能力的培养，从而为培养国际化人才而不断努力。

（二）外语教学理论需要更新

跨文化交际不但与语言问题有关，还与不同文化之间的差异有关。在具体交际当中，人们不仅要遵守语言的各项规则，还要遵守文化的相关规则。所以，在跨文化交际过程中，与语言和文化背景相关的知识，如文化规则和习俗就变得愈发重要。从事外语教学工作一定要对教学目标进行重新定位，充分认识到跨文化理解的重要性，把培养学生的跨文化交际能力放在一个显著的位置。

有学者指出，与语言错误相比，文化错误会更严重一些，文化层面上的错误很可能让不同民族之间产生误解甚至是互生敌意。为了有效地清除交际过程中出现的障碍和摩擦，保证跨文化交际的顺利进行，就一定要让个人具备跨文化交际的能力。

由此不难看出，传统的语言教学理论已经无法使新形势下跨文化交际范畴中外语教学的新要求得到满足。唯有以更敏锐的眼光对各种情况进行评估，对新形势下人才方面的需求加以全面考虑，并对外语教学的内容和方法进行全方位改革，方可从容应对外语教学所面对的新挑战。

第二章 跨文化外语教学的本土化探究

语言能够很好地区分出不同民族的特征，但也正是民族的特征使语言能够在不损害个性的前提下，通过对不同话语的形式进行相互理解，最终消除个体差异。学习母语或母语文化，不仅是为了应对考试、应对日常生活，也是为了汲取先哲的智慧。

德里克·博克曾任美国哈佛大学的校长，他曾经提出："大学的职责是教会学生在这个多元化的社会中生活。"当学生与其他文明中的"智者"产生交集，出现思想上的联系时，学生就能够从另外的角度看到自身母语文化的优点与不足；学生们还可以站在他者的角度去审视目的语文化。当跨文化的纽带在面对目的语文化的冲击时，母语文化并不会变成摇摇欲坠、日渐没落的建筑，而是会成为包容和发展两种文化的重要载体。本章将从跨文化交际的概念入手，对我国跨文化外语教学存在的问题和跨文化外语教学的本土化提升进行研究和阐述。

第一节 跨文化交际的概念

跨文化交际的形式包括民族间文化交际、地域间文化交际和群体间文化交际。跨文化交际是指文化背景不同的双方或多方进行的交际。从心理学的层面来看，文化中的信息都是由不同文化背景的人创作、应用的。

跨文化交际作为传播学的一个领域，已经逐渐发展为一个内容丰富的大领域。著名的传播学者古狄昆斯特试图对跨文化传播研究领域进行分类。他以互动比较和人际媒介为两个主轴，将社会和文化传播研究分为4类（图2-1）。

```
 ┌──────┐  ┌──────┐  ┌──────┐  ┌──────┐
 │跨文化│  │跨文化│  │ 国际 │  │ 大众 │
 │ 交际 │  │ 传播 │  │ 传播 │  │ 传播 │
 └──────┘  └──────┘  └──────┘  └──────┘
```

图 2-1　社会和文化传播研究的 4 个范畴

跨文化交际包括两个概念：人际交往和人际互动。互动的过程是该领域研究的重点，包括所谓的跨文化、跨民族和跨地域互动。它比较了不同文化背景下人们的交际行为，探索了来自不同文化的个人或群体之间的互动。不同国家的人，在交流方式上是不同的。国际交流是由两个概念组成的，即"互动"和"媒体"。

从目前的研究来看，跨文化交际领域以跨文化互动和跨文化交际为主，其他方面还需要学者们进一步研究。跨文化交际研究的主流对象是交际行为和文化互动。它继承了传统的传播学研究方法，非常重视实际应用，这种理论与实践相辅相成的现象也是跨文化交际的一大特征。

跨文化交际作为传播学的一个分支，是基于传播学的多样性和包容性所产生的。跨文化交际不仅会为各国带来意想不到的益处，也会帮助人类社会打开新时代的大门。

一、基本概念

（一）文化和交际

文化与交际的定义已被引入文化人类学、传播学等相关学科，每位学者都从不同的角度对它们的本质特征进行了阐述。

在人们的日常生活中无时无刻不存在文化与交际。虽然文化和交际与人们的关系如此密切，但是想要对其进行概念性的理解并非易事。不过，在美国教育家霍尔看来，文化与交际仍然具有一定的规律性。文化和交际构成了人类社会中的秩序，使得人们生活在一种非常有序的集体生活方式体系之中，在这个体系中，任何人都可以在成长过程中学习和掌握文化内容。这说明文化具有一定的结构，也可以对其进行分析和描述。

（二）跨文化交际

跨文化交际所指的不仅是日常生活中的相互交流，而且是工作和学习过程中的正式交流。跨文化交流可以是两个或多个个体之间的交流，也可以是两个或多个群体之间在某些方面的交流，如学术、经济、政治等。

跨文化交际具有丰富的内涵，这就使得跨文化研究具有了极为广泛的内容。在跨文化交际的实践和研究中，既包括了文化、交际和跨文化三个核心概念，又包括了民族中心主义、文化认同、交际风格以及偏见等概念。

（三）文化认同

有学者将文化认同定义为"对具有共同象征意义系统和遵循相同行为规范的文化群体的认可，并被认为是被该文化群体所接受的"。也就是说，在成长的过程中，人们逐渐将文化价值观和传播方式融入自己的世界观中，从而形成自己的文化认同。

从上述的观念，我们能够知道文化认同具有两层含义：象征意义和行为规范。在一个群体中具备了一定文化身份的人是能够自由使用该群体所建立的行为规范的。文化认同还具备多种形式，如民族认同、地域认同、国家认同、性别认同、职业认同、信仰认同等。也就是说任何社会中的因素都会对文化认同产生影响，并且文化认同会根据不同场合产生不同的特征。

跨文化交际中很重要的一部分就是交际双方确认彼此的文化身份，这部分也会直接影响到跨文化交际的结果。文化认同并不是天生和固定不变的，而是随着个体的学习和经历不断发展的。

在社会发展的进程中，文化认同会对跨文化交际的过程产生直接的影响。第一，在跨文化交际的过程中，交际双方对彼此的文化认同是非常困难的。如果交际双方各自的文化体系、象征意义以及行为规范有很大的差异，那么他们在沟通时必然会产生极大的困难和彼此之间的碰撞。第二，跨文化交际实际上是交际双方对彼此的文化身份进行判断、确定、分类以及协商的过程。

二、文化比较研究

（一）语境文化

中国、日本等国家的文化基本属于高语境文化，语言文化含义广泛，每句话都需要在特定的语境中进行分析理解。对于汉语来说，它是一种艺术，艺术中的一切都是高语境的，因为对艺术作品的理解很大程度上取决于作品的意境和个人的理解角度。

而美国文化是低语境文化的代表，他们的语言强调步骤是明确的，意思是明确的。在他们的语言环境中，将一件事情尽可能地表达明白才是最重要的。低语境文化认为交际的主要目的是完成真实的任务，并不是建立个人关系，而是区分公共和私人。

（二）时间文化

不同文化的人们对时间有不同的态度，从中，我们可以发现文化之间的许多差异。

首先，对于来自单位时间文化的人来说，规划是非常重要的。每天的计划和时间表至少在一周前就已经制订好了，不会轻易改变。时间通常以分钟为单位计算，如果延长，必须事先通知，否则将影响当事各方的下一步活动，这样可以也尽可能地提高效率。守时和截止日期的概念深深扎根于人们的心中。其次，单位时间文化的人有很强的排队意识，在公共场所往往秩序良好。

在多时间文化中，人们对待时间的态度和方式是相对随机和灵活的。这个计划还没有定下来，可以根据当时的情况进行调整。约会的时间可以长也可以短，取决于双方的心情、关系，以及他们是否投机。由于交谈被认为是建立良好关系的重要手段，个性化的商业关系往往建立在相互信任的基础上，因此，长期关系和终身友谊在多时间文化中比在单位时间文化中更常见。

三、跨文化交际的主要内容

如果我们查阅有影响力的跨文化交际教材和著作，不难发现跨文化交际的主要内容和范围包括以下九个方面。

（一）文化与交际

跨文化交际的核心概念是文化，尤其是文化的特征和定义，它们是在人们理解文化和跨文化交际的过程中产生影响的基础理论。文化在跨文化交际领域中被关注更多的方面是主观因素和文化与交际的关系。

（二）价值观和文化模式

价值观是影响跨文化交际的最重要的文化因素。价值观和文化模式的重要理论包括价值取向理论、文化尺度理论、高语境和低语境文化理论等，个人主义和集体主义文化理论广泛应用于跨文化交际中的文化差异的研究方面。

（三）语言交际

跨文化交际中最基础也是最重要的内容便是语言交际。因此，跨文化交际的研究主要包括语言与文化的关系、语义与语用的文化差异、外语教学、翻译等内容。

（四）非语言交际

非语言交际是跨文化交际研究的一项基本内容，非语言交际的研究主要探讨肢体语言、时间观念和空间利用等方面的文化差异。非语言交际研究是早期跨文化交际研究的一个重要领域。

（五）文化认同

文化认同主要研究人们的各种社会认同，如种族认同、性别认同、年龄认同、地域认同、民族认同等，文化认同研究是跨文化交际领域中一个比较新的研究内容。

（六）文化适应

文化适应一直是跨文化交际研究的关键问题之一，文化适应的研究内容主要包括文化适应的过程和方式，以及"文化休克"的现象、原因和对策。

（七）不同领域的跨文化交际

教育领域的跨文化交际研究主要探讨学习方式和动机、师生关系、课堂行为等方面的文化差异。商务领域的跨文化交际研究主要探讨商务礼仪、谈判风格和领导风格的文化差异。

（八）跨文化交际能力

跨文化交际能力研究的重点在于如何提升人们跨文化交际的效率，也就是怎样培养学生的跨文化意识。跨文化交际研究者尤其看重提升跨文化交际能力的方式，如注意、倾听、反思、价值判断等。

（九）跨文化交际训练

跨文化交际的训练模式是跨文化交际研究的一个应用分支，也充分体现了跨文化交际注重实践的特点。跨文化交际的训练对我们在教学中更好地培养学习者的跨文化交际能力具有重要意义。训练模式主要有认知训练模式和体验训练模式。

第二节 我国跨文化外语教学存在的问题

目前，一些学生和家长，甚至教师认为学习外语的目的就是对目的语国家的经济、技术、科学等方面有所了解，能够和目的语国家的人进行交流、合作。想要实现上述目标，就需要在外语教学中加入目的语的文化教学，单纯地进行外语教学是没有任何意义的。如今，伴随着经济全球化的不断深入，外语的作用越来越明显，而外语教学的目的便是培养出能够进行跨文化交际的人才，然而在实际教学中，还存在着很多问题。

一、跨文化外语教学存在的问题

（一）社会距离较大

两种语言之间的社会距离越大，语言学习者就越难习得目的语，即该群体的语言。这里的社会距离指的是"作为一个社会群体成员的个人与其他说不同语言的社会群体成员之间的接触"。两个群体之间的"社会一致性"程度会对语言学习产生影响。两种文化的社会差距越大，身处其中的人们学习对方的语言就会越困难。外语与汉语、母语和目的语之间存在着很大的文化差异，这就意味着学生们在学习外语时会遇到很多困难。

文化学习有两个不同的目的：文化适应和文化迁移。

文化适应是指那些在国外生活、工作或学习的人，需要在保持住自身文化身份的同时达到适应新的文化环境、积累跨文化交际经验的目的。文化迁移指的是一种文化的群体在移民到另一个地区或国家之后，要对新的地区的文化、世界观以及价值观进行学习、理解和接受，同时通过培训、学习、社交等活动融入新文化地区的社会之中，有些还可能需要移民群体放弃他们自身的文化身份、象征意义以及行为规范。对于我国的大学生而言，进行外语学习的目的是文化适应，他们要在学习外语的过程中保持住自身的文化身份，并且要对目的语的文化特征有所了解，以便于能够在之后进行跨文化交际。

（二）跨文化交际能力不足

交际能力指的是一个个体不仅要具备能够创造出符合语法规则的语句的能力，还要能够熟练地运用语言。对交际能力影响最大的因素就是社会文化因素。

以前人们认为，语言教学只是传授语言的形式，"交际能力"的概念应用于外语教学是在20世纪70年代。交际强调语言与文化的不可分割性，使文化教学成为语言教学中不可缺少的一部分。

语言使用者要想实现有效的沟通，不仅要有语言能力，还要知道语言群体是如何使用语言来达到其目的的。交际能力并不是单纯的语言能力，还包括了对社会文化的理解、对语言的运用、对目标语境中语言的创造以及使用的能力。语言使用者不仅要对语言的合理性进行判断，还要对其是否符合当前的语境做出判断，也就是语言的恰当性。

语言使用者要能够适应指定的社会文化环境。语言并不是一个独立的系统，它与社会文化环境的关系非常紧密，每个人在使用语言时都需要注意其在当前的语境中使用是否恰当。

交际能力包括语言能力、社会语言能力、话语能力、交际策略、社会文化能力以及社交能力。一个人的交际能力高低很大程度上取决于所使用的语法是否正确、语言是否具备可行性和可接受性、语言是否在当前语境中适用。

语言能力是指一个人创造语法正确的句子的能力。交际能力则体现出一个人在所有语法中选择正确语法的能力，交际能力强表示其能够对这些正确的语法在特定的语境中进行正确且恰当的应用。语言形式的习得在语言能力中极为重要，而交际能力则需要一个人在社会交际时正确且恰当地使用这种语言形式。交际能力主要注重的是在同一文化中不同语境下的交际能力，因此，大学生在学习外语时主要是模仿目的语，尤其是能够模仿标准使用目的语的语言使用者。

在提升交际能力的过程中，大学生要坚守母语文化，不要盲目跟从目的语文化。在交际的过程中，交际的双方都需要在自身文化的基础上去理解对方的文化。

随着跨文化交际的普及，研究者们提出了"跨文化交际能力"的理论。

因为交际能力是对使用母语者在同一文化下的交际现象进行研究，所以交际能力并不适用于跨文化交际。跨文化交际指的是不同文化背景的个体或群体进行交际，跨文化交际的难度比同一文化中的交际更大，究其原因是因为跨文化交际的双方之间文化差异过大，即使某个个体已经能够与不同文化的人进行交流，也并不是说其已经具备了跨文化交际的能力。

跨文化交际能力并不只与某个特定的语言有关，伴随着经济全球化的深化，不仅会出现母语者与外语者的交流，还可能出现外语母语者与非外语母语者的交流，外语甚至已经成为非外语母语者与非外语母语者进行交流使用的语言。所以，跨文化交际能力是外语学生进行跨文化交际时的必备技能，培养学生的跨文化交际能力已经成为外语教学的主要目的之一。

随着全世界对话的深化，当代大学生已经有了更多的机会去面对外语母语者，越来越多的学生也选择了出国留学的道路。因此，学生必须要具备一定的外语语言能力和跨文化交际能力才能够在多元化的全球范围内正常交流。跨文化交际能力注重对多元文化的研究，虽然对于母语者来说外语的学习是困难的，但是学生要持有积极的学习态度，因为跨文化交际能够给予学生更多的体验多元化的机会和开拓学生的思维，同时还能够帮助学生更加了解多元文化的社会，能够让学生将外语文化与母语文化进行对比，找到文化与文化之间的差异。另外，跨文化交际能力的培养还能够让学生展示出各自的信仰、思想与精神。

当代学者认为，跨文化交际能力是用不同的态度去感知，用一种新的方式去行动，并提出跨文化交际能力的五个要素。

1. 知识

学生要了解本民族文化和目的语文化的社会习惯和成就，了解社会和个人交际的一般程序。

2. 态度

学生要以好奇且开放的态度面对其他文化和自己的信念。

3. 沟通能力

学生要具备将知识、技能和态度付诸实践的能力。

4. 沟通技巧

学生要能够解释不同的文化现象。

5. 批判性评价的能力

学生要在明确的标准下，对民族文化、目的语文化、民族观念、习俗和成就进行批判性评价。

跨文化交际能力注重培养跨文化意识、态度以及能力等综合素质，想要实现有效的跨文化交际，就需要跨文化者具备良好的文化意识，用积极的态度对待不同文化，储备丰富的知识。

跨文化交际能力强调态度，态度和文化意识是跨文化交际能力的核心。

文化意识指的是对自己本身的母语文化以及对其他影响他人行为的文化的理解。文化意识不只是要去理解母语文化和其他文化的现象，还要去理解文化的现象、文化的特征以及不同文化之间的关系。文化意识并不只是一种知识内容，而且是一个人的内在素质和能力。文化意识的存在代表着人们的思想和活动都受到了文化的影响。

移情和判断是跨文化交际能力的要求。

移情就是站在别人的角度看问题，即走入对方的文化之中，以对方的视角去理解外语文化，并与对方产生情感上的共鸣。在跨文化交际的过程中，阻碍跨文化交际成功的因素之一就是人们总是站在自身文化的角度去判断对方的行为和思想，始终认为自己的文化是正确的。另外，民族中心主义思想也会导致文化的刻板印象和偏见的产生。

理解对方文化中的目的语文化意味着暂时搁置自己的文化；具备同理心也是一种中断判断的过程。但是，中断对自身文化的判断并不是要放弃自身的文化身份，而是要以母语文化作为基础去理解目的语文化。

在跨文化交际环境中，交际能力指的是不同文化背景下的双方都具备了比较良好的跨文化交际意识，能够轻松分辨出文化之间的差异，并尽力消除文化差异，最终交际成功的能力。跨文化交际能力指的是不同文化背景下的人在进行交流时可以认识到在同一语境下的交际行为和交际信息之间的差异，并消除差异的能力。

跨文化交际能力包括三个方面：动机、知识和技能。

外语教育包括四个方面：语言学习、语言认知、文化认知和文化体验。

具备了跨文化交际能力的人能够对不同文化间的差异关系有清晰的认知，并且能够认识到社会的内部和外部之间的关系。他们能够迅速地调整自身，也就是根据对方的思想和行为方式调整自身；他们能够用批判和分析的眼光去看待目的语文化和母语文化。

在当代大学外语教学中，一定要重视将母语文化作为基础，否则在培养学生跨文化交际能力的时候就会出现问题。无论是对母语文化的忽视还是对深层文化的轻视都会导致跨文化交际和跨文化交际能力的培养向不良的方向发展。

对于当代中国大学生而言，跨文化交际的主要目的是与外部世界展开交流，特别是和那些以外语为母语的人进行交流。在中国的外语教育中，教学目标由培养语言能力转变为培养交际能力，再转变为培养跨文化交际能力。当一个人具备了跨文化交际能力时，就会对外语教学提出更高的要求。同时，一个人具有跨文化交际能力并不意味着其完全认同或融入目的语文化，而是仍然认同母语文化身份。

在中国，非外语专业的学生是在一个封闭的教室里学习外语，在一个本土文化的环境中学习外语。中国的教育模式是相对封闭的，当代大学生在学习的过程中就需要提高自身学习语言和培养跨文化交际能力的要求。封闭式的教学环境与相对单一的应试教育教学方法，让教师和学生不得已只能将单词和语法作为外语学习的整体。在文化教学中，教师和学生如果只接触到教材中极有限的目的语文化内容，就很容易形成文化刻板印象。学生很难接触和理解目的语文化中的深层文化，忽略了目的语文化的历史和起源。

目前，我国大学外语教学的目的是培养当代大学生的跨文化交际能力，在大学外语教学的大纲中，语言教学与文化教学已经被放在同等位置。因为母语和目的语、母语文化和目的语文化之间存在着较大的差异，因此在大学外语的教学过程中会尽量避免使用母语文化，从而屏蔽母语文化对学习的干扰。但这种举措恰恰成为培养当代大学生跨文化交际能力的阻碍因素。

在教学实践中，我们应改进教学方法，应该更加关注以文化为中心的文化教学，加大对文化教学的投入，以培养学生的跨文化交际能力。

（三）文化教育不足

语言是文化的产物和载体，反映了一个民族的文化。当代大学生学习外语的过程实际是学习跨文化交际的过程，大学生和以目的语为母语的人进行交际时并不仅仅依靠外语技巧，还需要对目的语的文化有所了解。所以，文化教学在外语教学中是不可或缺的。

在人们学习母语的过程中，母语文化的语言规则的学习和语言的学习是一同进行的，即生活在母语环境中的人们在学习母语时也在学习自己的母语文化。因此，在学习母语文化的过程中，语言的交际功能和传承作用在潜移默化中就已经融合，身处在母语环境中的人们并不会注意到两者之间的关系。但在第二语言习得过程中，语言的两种功能出现了差异。因此，外语学习者在学习外语的同时，也需要学习目的语的文化。

在以往的外语教学中，虽然也涉及文化教学，但是主要的教学内容只是传授目的语的文化背景，重点在文学作品、历史、地理以及经济等方面。在20世纪后期，交际教学法的盛行使得文化教学的内容进一步扩展，开始逐渐涉及目的语文化的社会规范，文化教学的目的也开始由文化知识的传授转向对学生的交际能力进行培养。伴随着经济全球化的深入与跨文化交际的愈发频繁，21世纪的外语教学的目的已经变成了培养学生的跨文化交际能力，并且教师还需要帮助学生对目的语文化进行了解，最终使学生能够与目的语国家的人进行有效的沟通，尽力规避矛盾和误解。

人们看待世界和事物的方式是由自身的文化背景所决定的，因此想要让学生拥有跨文化的理解就需要对学生进行跨文化视角的培训，使学生能够以跨文化的视角去对比母语文化和目的语文化。跨文化视角的培养能够使学生从内部和外部两个角度去理解母语文化和目的语文化，在外语教学中，文化教学与语言教学的融合并不是简单地将文化知识依附于语言知识上，而是在语言知识中开辟出一个新的观念，对目的语的文化和语言知识进行全面的理解。

高校外语教学的内容不仅包括语言知识和语言技能的培养，还包括人文情感、人文素质和人文理想的培养。外语教学逐渐从语言知识的教学和语言技能的实践转向重视文化的重要作用，从而在提高大学生外语水平的同时提高大学生的综合文化素质。

外语教材是教学大纲的外在表现，但是所涉及的知识内容大多都停留在目的语文化的表面，对目的语文化的核心涉及较少。我国的教学在受到了外国教学模式的启发之后，为了加强文化教学研究出了多种教学方式。外语教学领域无论是在宏观层面还是在微观层面都进行了细致的调整和研究，使得我国外语教学中的文化教学不断发展。

二、跨文化外语教学中的文化障碍

文化可分为表层文化和深层文化。在当代高校外语教学中，需要对文化深层结构的差异进行强调。中国的高校生在跨文化交际的过程中对于表面的文化错误很容易就能发现，但是在文化深层次中的价值观、信仰等方面的欠缺则需要更多的时间来补足。

文化的各个方面都是相互关联的，一个语言群体的人们会按照他们的文化价值观行事。

经典阅读在外语教学中一直被广泛使用，我国倡导的人文素质教育所涉及的外国经典著作已被翻译成中文。经典阅读的缺乏对教学产生了很大的影响。高校文化素质教育，应该从阅读目的语的经典文献开始，这种方式不仅能够加深学生在哲学方面的领悟，还能够帮助学生提升跨文化交际能力。阅读目的语经典文献时，学生不仅提升了语言能力，还能够以另一个视角看待问题，从而对母语文化与目的语文化之间的差异有更深的理解。

文化的刻板印象一旦形成就不会轻易改变。文化刻板印象的形成与人身处的社会文化环境、人的思维、人的认知以及后天的文化学习有着密切的关系。大学生对事物认知的过程大多受到公众和媒体的影响，一旦信息不全面或是有刻意的添加删减就会导致大学生产生文化刻板印象和偏见。大学生对目的语国家的了解并不全面，缺乏对目的语国家社会的真实认知。随着经济全球化进程的加快，国家与国家之间的交流、文化与文化之间的交际越来越频繁，大学生如果还如同以往一样使用文化定式进行交流，那么在交际的过程中就会出现问题。如果用过于简单的认知方式来看待今天的目的语文化，就会出现偏差。

（一）民族中心主义

带有民族中心主义思想的人在看待世界时会将自己的民族放在第一位，用自己民族的价值观去评判其他文化，并会根据自己民族的行为与思想来衡量其他文化的行为与思想。随着外语在全球的大范围应用，其他国家的文化逐渐渗入其他国家的文化中，这使得这些非外语国家的生活方式、社会形态以及民众的价值观发生了翻天覆地的变化。

为了让西方人更好地了解中国，我们可以从宏观上将中国文化放置在更广阔的空间和时间里，这样才不会把它的历史遗产分开。中国大学生不仅需要用外语来理解和表达外国文化，还需要用外语来表达自己的本土文化，使外国人能够理解自己，在交际中获得平等的地位。也就是说，我们在学习外语的同时，应该对母语更加了解，这凸显了在高校外语教学中加强母语文化教学的必要性。

民族中心主义的思想来源于古代希腊民族，希腊民族在当时认为自己的民族位于世界其他民族之上，这是一种相信自我的优越感。

在民族中心主义者看来，他们认为自己民族的文化与价值观是世界上最优秀的，要高于其他民族的文化和价值观，并且他们始终觉得自身民族的生活方式是最合理、最恰当的。他们在与其他民族交际时会要求其他民族的人按照自己民族的价值观和行为方式进行活动。民族中心主义是指人们持有"我们自己的群体中心"的观点和标准，用自己群体的价值观和信仰来判断其他群体。当人们持有内部群体偏好的刻板观念时，内部群体的优越感和外部群体的自卑感就会增强。

民族中心主义是一种后天获得的文化优越感。一般来说，人们认为由自己的文化力量塑造的自己的经历是自然的、人类的和普遍的。

人们的民族中心主义倾向一般包括：

①认为自身民族文化中发生的事情就是"正确的""合理的"，认为其他民族文化中发生的事情是"错误的""不合理的"。

②认为自己民族的价值观、行为方式以及规范对其他人都有用——对我们有用的事情对所有人都有用。

③行为方式是对内部群体的认可和表扬。

④体验与外部群体的距离，特别是当自己民族的成员受到伤害或威胁时。

任何一个国家、民族、文化中的群体都会认为自己群体的价值观、行为规范等才是最高的，有这种思想是非常正常的。但是，民族中心主义者在为自己群体的文化感到骄傲的同时，会认为"其他民族的文化不如自己的文化"。

民族中心主义在跨文化交际中造成了非常不良的影响，是跨文化交际的一大阻碍。它阻止了人们对他者文化进行理解。如欧洲殖民者始终觉得他们所殖民地区的土著民族的文化不如他们的文化。

当我们再看以前各个国家绘制的世界地图时，就能够清晰地看出民族中心主义的观念。每个国家都以自己为世界的中心绘制世界地图，其他国家则在世界地图的边缘。如欧洲所绘制的世界地图就将欧洲作为世界地图的中心。欧洲人在一段时间内一直认为自己是世界的中心，所以当他们看到日本绘制的世界地图将亚洲放在地图的中心时会感到非常的诧异。

世界上的国家都会具有强烈的民族中心主义，也就是用自己文化的价值观和行为规范去判断其他文化的行为。东方和西方都经过了文化由还未开化到最开化、由最坏的文化变成最好的文化的过程。在西方的观念中，文化是由低层次向高层次发展的。在美国，因为其所持有的科学和技术领先于其他国家，所以其将上述观念置于西方社会的顶端。

民族中心主义对跨文化交际的负面影响表现为：

①对自己文化的民族中心主义信仰会形成一种狭隘的、自我保护的社会认同感。

②民族中心主义一般包括对其他文化成员的刻板印象。

③将自己的文化与其他文化进行比较判断的前提是必须假定自己的文化具有传统性和一致性。

每一种文明都认为自己是世界的一部分，并把自己的历史描述为人类历史上主要的戏剧性场面。这一点在西方文明中可能比在其他文明中更明显。现代西方文明在全球范围内扩张，因为西方国家拥有先进的科学技术、高度发达的社会经济，因此西方国家的主流价值观与宗教信仰就可以轻松对外扩张。西方文化就像不断充气的气球，不断膨胀并蔓延到世界的各个角落，与世界上不同的文化产生接触。

任何文化中的每个环节都是相互联系的，只要人们触碰到任一方面，文化中的其他方面就会受到影响。想要对中国的汉语文化、经济、政治以及社会有所了解，就需要对中国的历史进行研究。如果我们只强调文化的输入，就会导致文化链的断裂，反映在对中国的认识上，是对中国文化的半信半疑。

随着中国的快速崛起，中国参与的国际事务越来越多，中西方之间的交际也越来越频繁，西方国家对中国的了解也在不断加深。中国文化背景知识的输出对于西方国家了解中国是非常重要的，不过这种离散型的文化其实与中国文化的历史性分割了。

以外语为母语的人在用外语与中国学生交流时，对于中国文化的偏见与误解使得交际的过程充满了困难。当我国的领导人在剑桥大学进行演讲时，他强调西方人应该以发展的眼光来看中国。世界在变化，中国也在变化，中国已经不是百年前封闭、落后的旧中国，也不再是新中国建立之初的贫瘠国度。他希望西方国家的朋友能够用眼睛亲自看看中国，去了解中国的文化，了解如今中国人的思想和行为规范。只有这样，世界才能对如今的中国有一个真实的认识和了解。

就像现在社交软件上的外国用户来到中国所发布的消息一样，他们无一不惊叹中国现在的发展，无论是文化领域的发展，还是经济方面、政治方面的发展，都是让人惊叹的。他们感叹着说："原来真实的中国是这样的，这与我之前了解的中国完全不同！"伴随着中国经济的迅猛发展，如今的中国每天都在发生着变化，这是一件令中国人民振奋和自豪的事情。当西方国家再看待中国时，他们应该消除掉自身的民族中心主义，将中国客观地放在一个平等的国际地位上。只有这样，世界才能够知道中国这一路所经历的艰辛与困苦，世界才能够知道中国未来的发展方向。

（二）母语文化缺失

长期以来，跨文化交际的研究内容和取向明显侧重于西方的价值观和交际观念，缺乏从非西方的角度进行探索，这直接体现为高校外语教材缺乏本土文化的内容。高校外语教学故意让学生沉浸在外语氛围中，试图消除所有母语文化的影响，有意识地避免母语和母语文化教学，只关注目的语和目的语文化。

在跨文化交际中，语言障碍是表象，真正深层的核心问题是文化影响着交际。词语和句子背后的语言是表面的障碍，而文化才是真正影响交际的深层因素。词语和句子背后所蕴含的意义，即使用字典也不能完全地翻译出来。翻译是一个再创造的过程，是一个不断活动的过程。虽然文化对交际有着重要的影响，但是文化是能够通过翻译来理解的，两种文化彼此吸收对方的文化精髓，就能够促进文化之间的融合，最终达成相互进步、相互促进的结果。

高校外语教学的教学目标、教材以及教学过程对母语文化的不重视恰恰反映出了在跨文化交际中中国本土文化输出的劣势。在外语学习比较好的学生身上我们能够看出他们通过学习外语更好地理解和掌握了母语文化与目的语文化的差异。学习目的语文化能够加深对母语文化的理解，只有对母语文化有深入的理解才能够清晰地发现母语文化与目的语文化之间的差异。

1. 高校外语教学大纲对母语文化的忽视

在高校外语教学中，除了语言知识和语言技能，教学内容应该还包括人文情感、人文素质和人文理想的培养。

①将外语教学理论作为指导基础，将外语教学中的知识内容、语言技能、跨文化交际能力作为主要学习内容，融合多种教学方式和教学体系。

②对学生的外语综合能力进行培养，尤其是听说能力，让他们能够在未来的工作和社交中使用外语进行有效的沟通，提升学生的综合素质、自主学习能力，满足中国对跨文化交际人才的需求。

③外语教学是一门拓展知识、了解世界文化的素质教育课程，因此，在设计外语课程时，还应充分考虑学生文化素质的培养和国际文化知识的学习的需求。

在文化学习中，只关注以外语为母语的国家的文化是不够的，必须延伸到学习者的本土文化，因为语言来自人性的底层，同时也与人类的起源建立了真实而实质性的联系。

对目的语文化进行重视并不是要成为目的语文化的奴隶，是要对目的语文化给予尊重。强调目的语文化也并不是要放弃母语文化身份，当前的中国社会最需要的是使用双语言和了解双文化甚至是多文化的人才。这种人才需要比只会说一种语言的外国人更了解双方的文化，真正的跨文化交际人才不仅要具备理解目的语文化的能力，还要对母语文化如数家珍。

实际上，在培养学生对目的语文化的洞察力时，要帮助学生对母语文化中的传统和历史以及外在表现进行研究。在外语教学中，母语文化可以与目的语文化进行比较，这样不仅能够展现出目的语文化的主要特征，还能够加深学生对母语文化的理解。

2. 高校外语教材缺乏母语文化内容

当前很多的外语教材，都过于重视母语文化与目的语文化的差异，为了让学生提升外语成绩，努力为学生营造出一个外语环境，尽最大可能消除母语文化的影响。但是高校外语的教材和教学目标都忽视了母语文化在外语教学中的作用，很多教材和资料对于中国的文化几乎没有涉及。事实上，作为教材，其内容应该包括：目的语文化材料、母语文化材料、来源文化材料、学习者自己的文化材料。

外语教师在向学生传授目的语文化知识的同时，还需要培养其母语文化意识，使他们能够正确、有效地用所学的语言表达母语的文化内容。在传授文化的时候，教师要加强学生对自己文化的认识。

跨文化交际中的中国文化失语现象值得我们深思，中国大学生在用外语表达本国文化方面存在很大的问题。我们也可以看到，在高校外语教学过程中，忽视母语文化的教学会导致大学生不理解和不重视母语文化的表达，这使得学生在跨文化交际中交际困难，在学习的过程中容易盲目接受目的语文化的规范，同时也疏远了自己的文化传统。

具有相当外语水平的中国青年学者在与外国人交流的过程中，往往表现出深厚的文化修养和独立的文化人格。我们只有对自己优秀的传统文化有了充分的了解，才能成为一个能够理解其他文化的跨文化人，并逐渐扩大自己的跨文化心理空间，展现出一种博大包容的文化多样性观。

3. 高校外语教学对母语文化的忽视

迁移理论的来源是心理学，它指的是一个人早期的行为模式对学习新的行为模式所产生的辅助或是阻碍的影响。在心理学中，迁移是一种学习的过程，学生可以通过迁移获取学习经验或者理论，进而对接下来的学习产生积极或负面的影响。如果学习者以往的学习经验能够产生积极的影响，则会促进学习者的学习；相反，如果学习者之前的学习经验产生了负面影响，则会阻碍学习者的学习。

外语学习者往往无意识地将母语的语言特征运用到外语学习中。语言是文化的载体。长期受母语文化影响而形成的思维方式和表达习惯会无意识地向目的语迁移，形成"文化迁移"。

从效果上看，迁移可以分为两种：

①正迁移，一种学习对另一种学习的积极影响或促进。

②负迁移，一种学习对另一种学习的负面影响或干扰。

在学习外语的过程中，学生必然会使用母语文化来对知识进行处理，将母语文化的语法规范套用在目的语的语法句子当中形成文化干扰。负迁移会对学生的外语学习产生影响，但是学生甚至包括教师都因为应试教育的教育模式忽视了这一影响。

因此，在教学中应避免出现"自我文化"对"他者文化"的"负迁移"现象。教师在课堂上进行外语教学，应有意识地避免进行母语和母语文化的教学，而只关注目的语和目的语文化。

在高校外语教学的过程中，母语文化时刻伴随着学生的学习，学生对于课堂上营造出的完全目的语环境很难适应，在课堂上只说外语而下课之后又变回母语的现象对于学生而言是极为困难的。高校学生之所以能够学习外语是因为语言的表现形式虽然不同，但是外语在表达方式上与母语有相同之处，这使得人们可以在短时间内理解和掌握外语。所以，在高校外语教学的过程中，教师要能够使用母语的正迁移进行教学，从而提升学生的外语水平。

一个民族的思维方式决定这个民族的语言习惯和发展方向，而该民族的思维方式是由人们对代代相传下来的生活经验和行为经历进行总结而来的。近些年来，很多学者开始关注汉语对外语学习产生的积极影响。在跨文化交际的过程中，学生难免会受到母语文化以及母语思维的影响。因此，学生应该将母语文化作为文化差异比较的基础，来帮助自己学习目的语的语法结构和掌握更深层的目的语文化知识。

了解外国文化有助于我们对母语文化有更深层次的了解；如果我们不了解母语文化，可能无法真正学好外语。为了更好地学习目的语和目的语文化，我们必须能够进入和走出目的语文化。当我们进入目的语文化时，我们应该保持开放的心态。当我们走出目的语文化时，我们应该有一双批判的眼睛。

第三节 跨文化外语教学的本土化提升

对于跨文化外语教学的本土化提升，我们可以分三个层次来看待。

第一个层次是学生熟知自己的母语文化，并且可以用外语对母语文化进行表达。对于外国人而言，中国文化和中国人都是"他者"，所以，我们在跨文化交际的过程中要避免西方话语权掩盖住中国文化和自我民族的文化，必须要对中国的文化进行阐述和表达。

第二个层次是学生能够对目的语文化有深刻的了解，具备了解目的语文化的能力。对于中国的高校生而言，目的语文化也是"他者"，消除文化障碍是外语教学的主要目的之一。

第三个层次是学生能够成为跨文化人才。因为学生只有具备了目的语的文化身份，才能够对目的语文化有清晰的认知，才能够与目的语文化保持距离，从而可以从客观的角度审视目的语文化。指出外国人对他者的冷漠不仅能让他们反思自己的文化，也能为自己赢得说话的权利。同时，对方的身份也为学生认识自己提供了参考。从他者的角度来看，母语文化会让学生进入自我反思的旅程，学生可以重新理解他们所习惯的社会。

跨文化身份可以让学生从他人的角度观察本土文化和目的语文化的社会、历史和价值。"只有旁观者才能全面了解全局。"对文化进行客观的观察，学生才能够对母语文化和目的语文化进行对比与反思，在重新审视两种社会文化之后，才能够对自身做出更深刻、更理性的判断。与此同时，在重新审视的过程中，学生还可以构建出一种文化认同，搭建起异文化认识的桥梁。高校生要能够站在文化的边缘审视母语文化和目的语文化，去其糟粕，取之精华。

一、跨文化人与跨文化交际能力

（一）跨文化人

跨文化人，即能够客观和主观地看待两种文化的人。跨文化人在两种文化之间采取行动而没有明显的冲突。跨文化的意识是一种新的自我意识，它源于一种价值的相对性和人性的普遍意识。

学习者建立"第三视角"能更好理解母语文化和目的语文化，避免盲目地理解母语文化和目的语文化。图2-2为语言学习中涉及的文化现实与文化现象。

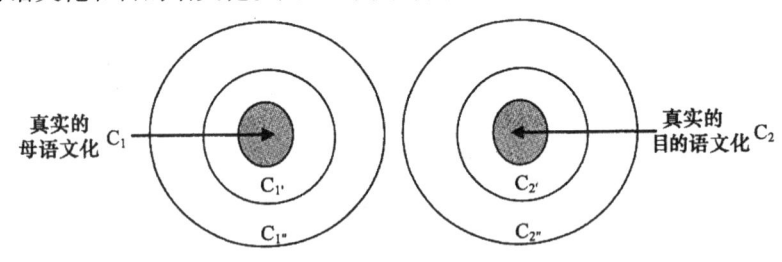

$C_{1'} = C_1$对自我的认知　　$C_{2'} = C_2$对自我的认知

$C_{1''} = C_1$对文化C_2的认知　　$C_{2''} = C_2$对文化C_1的认知

图 2-3-1　语言学习中涉及的文化现实与文化现象

在了解不同文化之前，跨文化的人必须先了解本国文化，包括自己的文化模式的优点和缺点。"自我认识"的目的是增强文化转型的自主能力，获得文化选择的自主地位，以适应新环境和新时代。文化意识使我们能够在跨文化交际中认识到母语文化与其他文化的文化异同。

通过学习和使用不同于母语的外语，学生能够学习新的经验和认识已有的经验。外语教育是人类相互理解的理想的钥匙，它使学生拥有更广阔的视野，避免片面和极端的观点。从这个意义上说，掌握另一种语言意味着增加一个人的潜力，拓宽一个人的视野。

（二）跨文化交际能力

跨文化交际能力是跨文化人才必备的一项技能，跨文化交际能力主要包括跨文化交际的知识、技能以及态度。跨文化交际能力指的是不同文化背景的人在进行交流时，能够对彼此之间的文化差异有正确的认识，并且消除这种文化差异所带来的干扰的能力。

伴随经济全球化进程的日益加快，具备跨文化交际能力的人才能够解决同一语境下不同文化背景的交流规则带来的冲突和误解问题。高校外语教学的目标已经由提升学生的语言能力转变为培养学生的文化交际能力,而后又变成培养学生的跨文化交际能力。当代高校外语学习者想要成功与外国人进行交流,跨文化交际能力是必不可少的。

跨文化交际能力的出现并不是一个静态的事件,而是一个动态的过程。因此,跨文化交际能力是始终发展的,在跨文化交际中,一个人在经过交流、文化冲突之后,通过对文化的正确认知,在面对新问题、新挑战时不断解决问题,从而获得跨文化交际的能力。

跨文化交际能力既包括交际能力又不局限于交际能力。国内的学者研究跨文化交际能力后认为,跨文化交际能力包括语言能力、非语言能力、跨文化理解能力以及跨文化适应能力。它是基本有效交际能力、情感与关系能力、策划能力和策略能力的组合。

虽然学生在进行外语学习时能够接触到目的语文化,但是外语学习与直接的文化交流不能帮助学生去直接理解目的语文化。学生在外语学习的过程中只能够接触到一些浅显的目的语文化知识,这并不会改变学生对目的语文化的态度,反而会加深学生对母语文化的认知,因为他们在学习时会不自主地使用母语文化思维去理解目的语文化。所以,在对不同文化形成积极态度的基础上获得全新的文化视野能够帮助学生在学习外语时将文化的知识内容转变为跨文化交际能力和学习文化的能力。

二、跨文化的基础——文化身份

影响语言学习的两个重要因素是"社会距离"和"心理距离"。

当学习者发现自己解决问题的应对机制在新文化中不再起作用时,就会产生文化冲击。这种心理状态会导致困惑、压力、恐惧和焦虑,也会导致排斥综合征,从而转移第二语言学习的注意力和精力。当学习者适应新的文化背景时,学习新语言也就变得轻松起来。

高校外语学习的过程也是学生明确文化身份、构建文化身份的过程。同时,文化身份的建构可以促进高校外语学习。为了摆脱"文化边缘人",克服高校外语学习中的文化障碍,有必要构建文化身份。

构建文化身份也需要主体文化,如果缺少主体文化就会使主体文化的认知边缘化。由于文化、交际、语言、知识之间的关系极为密切,因此在高校外语教学的过程中十分方便帮助学生构建文化身份。现在很多高校学生对母语文化中的深层文化以及历史与文化的关联性不够重视,再加上高校外语教学中十分容易出现文化刻板印象、文化偏见以及民族中心主义,这使得高校学生的文化身份建构出现了极大的阻碍，最终导致很多当代的高校学生不仅没有建立起跨文化身份，反而在母语文化与目的语文化之间迷失自我的文化身份，将自身文化置于文化边缘。

（一）文化身份

身份指的是一个人在国家、民族、社会、文化以及政治背景下的个体观念。由于背景不同，个体的身份也会发生变化。人们通过个体在群体中的特定角色判断个体的身份。人们会从工作、家庭、社会组织等群体中获得身份的认同，如爱人、学生等。

身份是一种抽象、复杂、多层、流动、无定形的象征，被看作独有的东西，它将这个群体联系在一起。这与我们是谁、我们属于哪里、谁在群体中、谁被排斥有关，身份影响人们的行为。根据不同的背景，我们可以有多重身份，如职业身份、年龄身份、种族身份、阶级身份、国家身份、宗教身份等。

文化身份又可看作文化认同。文化认同指的是接受或认可某一具备共同象征意义系统以及遵守共同的行为规范的文化群体，通常情况下人们将文化认同简单概括为对某一个文化群体的成员具有认同感，这种认同感既是自我认同也是外部认同。文化身份能够表现出个体的身份，然后通过文化群体中的个体行为、语言以及思维情感表达出来。个体在成长过程中，将所处环境的文化价值观融入自己的世界观中，在父母的引导下获得自己的文化群体认同。

从宏观上看，文化认同包括国家认同和民族认同；从微观上看，它包括不同地区、不同职业、不同性别、不同年龄、不同收入、不同教育程度的不同文化认同。

对文化认同的组成产生影响的因素包括个体的外在形象、大众媒体的传播、民族的文化特征、民族的语言、地区的教育、种族、肤色、社会制度、政治制度、社会经济以及自我评价等。已经拥有文化身份的个体或群体还能够对群体共同拥有的象征意义系统随意地使用，并且要遵守文化群体的行为规范。

根据这一定义，文化认同代表着共同的历史经验和共同的文化形式，可以为一个民族提供稳定、持续的意义框架。

文化认同的发展经历了文化认同的未知、文化认同的追求和文化认同的获得三个阶段。

在文化认同的未知阶段，人们认为文化认同是理所当然的，对文化问题不会深入探索。追求文化认同是为了更多地了解自己的文化和了解文化成员，进而对自己的文化进行探索和质疑。通过探索文化，个人可以学习他们文化的优点，接受他们的文化和他们自己。在这个阶段，个人社会政治意识增强，学习自己文化的愿望也更强烈。任何个体都会具备完整的情绪，其中便包括程度不同的负面情绪，如不安、紧张、愤怒甚至会对他人诉诸暴力。但是文化认同的成功获得代表着个人能够自信、清晰地理解自身并对文化认同进行内化，在面对文化刻板印象和文化偏见的时候不会被他人的消极情绪影响，并能够理解跨文化的意义。

文化认同是动态的，并不是一成不变的。文化认同会随着现实社会和人们现实生活的变化而发生变化，并可以对跨文化提出的挑战做出及时的应对。文化认同可能会随着时间的推移发生巨大的变化。

世界是由多元文化所组成的，许多不同文化背景的人是世界的命运共同体，因此文化身份中的多面性特征凸显出其重要性。每一个人都可能是多个群体的成员，例如，某一个体既是持有同一语言的群体的成员，也是身处在同一城市的群体的一员，还可能是某一组织中的成员等。"我们是谁"这个问题的答案取决于我们和谁在一起。跨文化交际深受文化认同的影响，因为跨文化交际的困难之处在于交际双方对彼此没有文化认同。反之，如果双方的符号意义体系和行为规范相近，沟通的难度就会很小。

（二）文化认同与跨文化交际

文化认同所强调的是个体的文化归属，也就是文化的边界，具体而言就是文化意义上的"自我"与"他者"的边界。"自我"和"他者"可以进行有效的交流与互动，但是"自我"永远不可能成为"他者"，而"他者"也不可能成为"自我"。

当某个人初次与陌生人产生交集时，人们都习惯将陌生人的行为看作他们的性格表现，而人们普遍认为一个人的性格就是这个人所处文化的典型特征，即人们都习惯将刻板印象强加于陌生人的身上。当某个人希望与他人进行成功、有效的交流时，就需要注意区别对象身上的独特性，将对象身上鲜明的个人特征与对象所处的文化进行区别，消除掉自身的刻板印象，只有这样个体在处理接收到的信息时才会将对象所表现出的种种行为、语言和性格看作其自身的个人特征。并且，我们会经常性地假设某人的经历、行为和语言并将这些作为对象的典型特征，而这种假设往往都是脱离现实基础的，是根据我们自己以往的经验进行判断的，这种假设很可能导致我们形成刻板印象。

不同种族、不同文化背景的人在进行交际时，由于文化上的差异，以及历史和经济上的差异，容易产生刻板印象、偏见和民族中心主义。当来自不同文化背景的人进行交流时,一个人的文化身份会影响人与人之间的关系和个人行为的期望。如果一个人用一种方式理解自己,而另一个人用另一种方式理解他,就会导致沟通问题。因为大多数人倾向于认为别人观察、评估和分析世界的方式和他们自己是一样的。实际上,人们经常用自己的个人经验去理解和评价对方,这很容易导致民族中心主义,是影响跨文化交际的严重问题。

三、文化身份的建构

随着西方文化的扩张,欧美的民族中心主义和文化殖民主义对大学生的文化认同构成了巨大的威胁。面对西方强势文化带来的挑战,文化认同一直困扰着大学生。

随着城市化、新移民、就业流动的兴起和网络文化的繁荣,经济全球化导致了人类身份的复杂性,使其变得模糊。随着中国的改革开放,社会结构的多元化,个人选择的多样化,互联网、现代交通、通信技术的发展以及跨国公司的扩张,中国和世界紧密相连。西方的价值观和生活方式已经大规模地进入了中国人的生活,当中国正在经历一个大国的崛起时,中国大学生需要弄明白"我们是谁",认清自己的文化身份。

(一)文化身份的建构与主体

在文化认同研究中,主体是一个重要的范畴。任何时代、任何人、任何群体、任何民族、任何国家都在建构主体和主体身份。

高校外语教学中对母语文化的忽视给外语的学科建设带来了巨大的压力,使我们对学科文化的认知边缘化。许多学者认为,母语的重要性不仅在于培养阅读和写作能力,还在于发展文化身份,发展自己是本学科的目标。如果主体不能把握自己,也不能顺利地与其他主体沟通,即使被迫参与交流,也会受到他人的影响。大学生文化身份的建构需要应对经济全球化的挑战,正确对待他人,理解自我主体。

对自我意识的培养的目的是对自己的文化和交际方式有深入的理解,最终提升我们的跨文化交际能力。世界上的任何人都是在文化背景中出生的,文化背景几乎包括了所有因素,如种族、信仰、家庭、年龄、性别、职业、日常生活等,这些都是构成文化背景的因素。母语文化帮助我们了解世界、社会、价值观以及信仰等,还能够为我们提供批判性地思考文化身份的不同方面。提高自我的文化意识,理解其他的文化,可以帮助个人理解他们的文化身份,也帮助一个人做出最适当的行为。

在高校外语教学中，培养大学生的文化自觉，主要强调对母语和母语文化的尊重。有人认为语言是一个国家的灵魂，通过分析语言可以找到民族性。民族逐渐使其语言具有了独特的色彩和情感，而语言又固定了这种特征，对民族产生了积极的影响。

如果我们忽视语言与民族精神力量形成的关系，比较语言的研究就失去了其重要意义。而要了解一个民族的真实本性、特定语言的内在联系、特定语言与一般语言的关系，则需要考察整个民族的精神特征。

语言的发展受到了民族精神的影响，民族精神越是发挥出积极影响，语言的发展就会越来越丰富、越来越有规律。

语言似乎是民族精神的外在表现；民族语言就是民族精神，民族精神就是民族语言，这两者是高度统一的整体。

跨文化交际实质是一种双向交际行为，因为文化输入和文化输出的地位是相同的。如果只有文化输入，忽略了文化输出，那么跨文化交际就沦为单向的文化引入，因此，在培养学生跨文化交际能力的过程中，母语文化有着至关重要的作用。我们要培养学生用外语表达母语文化的能力，让他们自由地表达自己，在跨文化交际的过程中占据有利的位置，向国际输出中国文化，使中国在国际上获得更多的话语权。

在高校外语教学中加强母语文化方面的教学有两个重要的作用：一是将目的语文化与母语文化进行对比能够表现出目的语文化深层的特点，能够加深学生对母语文化和目的语文化特征的理解；二是对学生的民族中心主义进行纠正，让学生能够客观、正确地看待目的语文化，对目的语文化持有积极的态度，提升学生学习外语的积极性。

因此，在教学中要注意母语文化及其外语翻译，熟悉母语文化的外语表达，学会用外语介绍中国文化。在与西方世界保持联系和交流的过程中，我们应该弄清楚我们文化的优势，并将其发扬光大。

学生要能够对母语文化的传统和发展现状有所了解，对自身的母语文化有深入的理解。中国要做的不仅是将国外优秀的文化引入国内，而且要将优秀的中国文化传播到世界各地。这不仅是社会的责任，更是高校外语教学的主要目的之一。

要培养学生的自我意识，使学生能够客观地评价中西方文化的异同。

首先，我们需要了解自己的文化，了解我们所接触到的各种文化。只有这样，我们才有条件在已经形成的多元文化世界中确定自己的位置。通过独立适应，我们可以取长补短，建立一种共同认可的基本秩序和一套各种文化可以和平共处、各显所长、共同发展的共存规则。学生应在理解和宽容的基础上学会对待母语文化和目的语文化。

一种文化在保持自身特点的同时，吸收其他文化的精华才能够提升自己。中国文化能够帮助学生在经济全球化的背景之下，提升自己的文化意识、跨文化意识、文化知识、跨文化知识以及跨文化能力，并且能够帮助学生更加了解自己，使自己能够从客观的角度去观察事物。

事实上，正是与其他文化的接触，才让人们更加了解自己的文化和文化身份。如果失去了其他文化的存在，那么任何一个民族的母语文化都将失去对比与反思。如果其他文化存在，就可能成为母语文化的一个参照体系，母语文化可以与这个参照体系进行对比，人们就能够发现自身母语文化的特征与智慧，也可以时刻对自身的母语文化进行反思。所以，高校外语教学能够让学生对母语文化有更深入的理解，使他们深刻意识到自身的文化身份。

（二）文化身份的建构与他者

因为文化身份和语言的关系十分密切，所以每个人所使用的语言既能够用作交际，还能够作为一种文化身份的判断依据。根据一个人使用的语言就能够判断其是哪一个群体的成员。每一种文化都具备自身特定的历史、信仰、表达方式和价值观等基本特征，因此语言是自我与他人共享的代码，与文化紧密相连。

文化认同对于跨文化交际非常重要，语言知识是一个人的文化传统的一部分。语言和文化是密不可分的，文化和交流是紧密相连的，人们如何定义自己和看世界取决于他们的语言。

文化身份的认同与沟通之间的关系也十分密切。人们可以与身处同一群体中的其他人进行交流，以此来确定自己是群体中一员，拥有同样的价值观和看待事物的思维方式。交际实践是建构文化身份的重要途径。

语言与交际密切相关，学习语言的目的是交流，文化是交流的基础。文化离不开人的参与。只要有人类的参与，就会有交流。文化是一个无形的老师，它决定了我们的沟通方式，正是在我们的文化中，我们学会了如何交流。

文化构成也会受到沟通的影响，人与人之间的交流是传播和反映文化的重要途径。文化培养出人们的行为规范和语言范式，具体的外在表现就是人们的交流模式。除非我们充分了解所使用语言的文化背景，否则我们无法真正获得语言中的信息。

任何一个国家都有着独属于自身的文化特征，因此，每个民族的语言、传统、行为规范和活动方式也会有所差异。不同文化之间存在的差异也就是不同民族之间的价值观、行为规范、活动方式、语言、习俗、信仰等方面的差异。

学生在学习外语时，实际上是从一个背景之中换到另一个背景之中，一旦文化背景发生改变，学生就会遇到各种各样的困难，这些困难都源于不同的思维方式和行为规范，不可避免地便会产生文化冲突，其根源在于：

1. 民族中心主义或种族优越感

一些人始终认为自己的文化是最好的，是比其他民族的文化更加优秀的。如果学生带有这种思想去学习外语、去接触其他文化，就会产生文化误解和文化冲突。

2. 对信息的理解差异

每个国家和民族之间的语言和文化背景都会有所差异，因此对于同一信息的处理与理解也会存在差异。交际的过程本质上就是人与人之间进行信息传递的过程，但是因为人与人所处的背景、时间、空间等方面存在差异，在信息传递的过程中难免会产生理解差异，形成文化误解。

3. 对文化意义符号系统的不同理解

不同的文化采用不同的符号表达不同的意义，有时尽管符号相同，但表达的意义截然不同。

4. 民族性格、传统文化和宗教信仰的差异

每个民族的传统文化都是该民族的历史积淀，它与该民族的民族性格已经融为一体，具体表现为每个民族所展示出的独特个性。民族性格的差异也会阻碍跨文化交际。

5. 思维模式的差异

思维模式是民族文化的具体表征。如中国人偏于形象思维，而西方人偏于抽象思维（逻辑思维）等。这些常常是造成跨文化交际障碍的原因。

6. 行为模式的差异

行为模式是民族文化的外显形式。不同的民族文化造成不同的行为模式。

7. 政治、经济、法律意识等方面的差异

学生普遍对外国的政治、经济、法律以及生活习俗的理解不够，文化敏感性差，因此学生通常会以母语文化作为分析的基础对目的语文化的信息进行判断，从而产生文化冲突。

8. 价值观念的差异

文化中的是非标准属于形式规范，而形式规范通常会造成不容易解决的矛盾；文化中的行为规范和生活风俗属于非正式规范，而非正式规范造成的矛盾通常能够利用长时间的文化交际来解决；技术规范造成的矛盾则可以通过学习技术加以化解，是最容易解决的矛盾。学生在进行外语学习的过程中总会与不同文化进行接触，而不同文化的价值观存在着巨大的差异。例如，中西方文化的价值观差异主要在于集体主义和个人主体。所以，在高校外语教学中要对学生进行不同文化知识的教学，提升学生的文化适应能力，帮助学生与不同文化背景的人进行交流。

为了培养出更多的跨文化人才，学校应该为学生提供一个能够进行跨文化交际和合作的平台，给予学生进行跨文化交际的机会，让他们能够体验到跨文化交际的过程，提高他们的跨文化交际能力。

学校可以使用国际交流和文化熏陶等方式，使学生增加对目的语文化的了解，给予学生与不同文化背景的人交流的机会，让学生能够真切地体会到对方的思维、行为规范，思考对方的情感、思想，对不同文化的思维方式和行为规范进行体验，从而对目的语文化加深理解。

随着经济全球化的深入，西方国家的文化伴随着其强大的政治和经济实力在向世界各地输出。中国从近代开始便面临着西方文化的入侵，西方文化中的语言、思维方式、行为规范、意识形态等方面已经对中国人产生了巨大的影响。我们在日常生活中所使用的日用品、电子产品等，平时看到的信息、资料等大多受到西方文化的强烈影响。

学生们对西方文化的理解和接受程度令人惊叹。但问题是，那些学生真的接触到了西方文化的核心吗？与西方文化中的新教伦理、市场经济和议会民主相比，学生还只是漂浮在目标文化的表面。我们对一些学生进行了调查，根据调查结果我们能够发现，一些学生在面对中国传统的孝道和父母管教时，会选择西方文化中所提倡的"自由"，而在面对着西方文化中的责任和独立时，他们却选择了寻求父母的帮助，或者任由父母替自己做决定。学生们没有学习西方文化中的独立自主精神和中国文化中的尊重老人的美德，而是加强了西方风格的自由和中国风格的偏爱。

我们倾向于把陌生人的行为解读为他们的个性，然后把他们的个性解读为他们文化的一个典型特征，也就是说，我们会根据刻板印象来解读和理解陌生人的行为。因此，在高校外语教学中，我们必须关注目的语文化的深层方面，消除刻板印象和偏见，消除民族中心主义，忽视文化的历史和相关性，从而实现对目的语文化的真正理解。

要理解对方，建构自己的文化认同，就必须深入目标文化的核心。高校在进行外语教学时，要加强学生对目的语文化知识的了解、对文化的敏感性以及跨文化交际能力中技能的提升。学生在学习时，表面的语言障碍能够克服，但是深层次的文化差异造成的语言障碍是很难消除的。因此，学生要克服民族文化中心主义，消除刻板观念，对不同文化采取理解的态度，包容文化的多样性。

我们经常为我们是中国人而感到骄傲，因为我们的国家拥有深厚的历史积淀和博大精深的文化。但是在当代，我们需要时刻审视自身的不足，客观地分析自身与其他国家之间的差距；在发展的过程中既要尊重、传承中国的传统文化，也要吸取其他国家的文化精华。我们不仅要有文化意识，更要理解和学习他人。

文化意识指的是要对自身的文化有充分的认识，也就是要对自身文化的历史和传统有充分的理解，简而言之就是有"自知之明"。文化意识能够帮助一个民族的文化持续发展和传承，使我们正确看待和理解自身的传统文化。中国的传统文化在现代要向现代文化和其他文化学习。在多元文化主义的语境中，我们应该找到民族文化的自我，明确中华文明在新时代的意义，以及它对世界未来发展的贡献。

四、培养跨文化人

高校外语教学的目的是让学生对目的语有更加全面的理解，并且能够使用它与不同文化背景的人进行交际。语言不仅是文化的一部分，还能够对文化进行定义和描述。外语教学是通过学习目的语的语言和文字来进行的，它注重对目的语社会、国家以及目的语使用者的行为规范的理解，以及对我们可能持有的他者的模式化概念的理解和超越。

因此，学习者必须理解语言的文化维度，了解习语背后的文化内涵。在语言学习的过程中，我们应该学会理解其文化意义，即注意目的语的文化内涵。在与他人的交流中，语言教学是加强对其他文化的开放，培养对不同文化的积极和宽容的文化态度的最有效的学科。它可以使学习者认识到文化之间的相似之处，接受文化之间的差异，培养学习者宽容他人的心态。

高校外语教学的目标并不只是培养学生的语言技能，还要激发出学生对于母语文化的兴趣，让他们将目的语文化与母语文化进行比较，提升他们对于不同文化之间差异的敏感性。对于外语，我们应该秉持公平的态度，帮助学生理解他者所展示出的文化约束，使学生了解目的语文化中常见的行为，以及目的语中的单个词的文化内涵，并鼓励学生理解目的语文化，对目的语文化中的他人抱有好奇心和同情心。

高校外语教学要将大学生培养成对自身、对他者、对世界有深刻理解，并且能够积极与不同文化背景的人沟通，拥有开放性思想和正确价值观的现代人。在外语教学的过程中，高校应该培养学生对不同文化的认知能力，也就是共情能力。这是一种站在他者角度看待问题、思考问题的能力。共情能力不仅能够帮助学生提升语言能力和交际能力，还能够提升学生整体的综合素质。大多数成功的外语学习者都是在比较、评价和综合不同文化的过程中使自己更加丰富和完整的。他们的文化评价和批评并没有造成强烈的冲突，相反，不同的文化因素在他们之间实现了一定程度的融合。

（一）对文化差异的敏感性

一个群体或个体的行为规范、生存准则以及明辨是非、美丑、爱恨的基础就是文化价值观。不同文化之所以产生文化冲突就是因为不同文化背景的人所拥有的价值观和行为规范有巨大的差异。所以，不同文化背景的人在跨文化交际中容易产生种族优越感，不同的思维方式和看待事物的态度造成了文化冲突。某个个体通常会根据自身的行为规范和文化价值观展开活动，但是这种行为规范在对方的思维方式中并不适用，因此常常会出现文化误解，从而产生文化冲突。

在培养学生的自我意识之余，高校还要培养学生对文化差异的敏感性。因为我们所处的文化背景使得我们通常会用特定的思维方式去看待和理解事物，因此当我们遇到来自不同文化背景的信息时，我们可能会认为这种信息是"不正确"的。人们在潜意识中都会坚守自身的文化价值观，并将自身的文化作为一种行为规范，认为其他的方式都是"错误"的。这是所有人类对待文化差异的自然反应，也正是需要我们去努力消除的问题。

在与外部世界保持联系和交流的过程中，我们应该弄清楚我们文化的优点，一方面，我们应该承认我们中国文化中有好的东西，进一步用现代科学方法研究我们的历史，从而履行我们的"文化自觉"使命，努力创造现代中国文化；另一方面，我们应该了解和理解他人的文化，并学会处理不同文化接触产生的问题。即使我们不能接受不同的文化，我们也应该把自己放在特定的历史和社会背景下理解不同地区的文化，了解其出现的原因，平等对待其他文化和本土文化之间的差异，而不是用讽刺、轻蔑的态度对待不同的文化。

在高校外语教学中，要注重培养学生对不同文化的宽容态度，使其对不同文化保持开放的心态。维护自己的价值观是必要的，比如判断什么是对、什么是错。对其他文化开放并不意味着放弃判断。

具备跨文化交际能力的人是具备对环境和他人的敏感性的。跨文化敏感性指的是一个人能够客观看待或理解不同文化的差异，进而提升自己跨文化交际的有效性。跨文化敏感性能够帮助人们调动积极的情绪。在高校外语教学中，通常情况下有两种方式能够培养学生的跨文化敏感性：第一，使学生深入理解母语文化的精髓，学习母语文化与目的语文化不同的特征，即"知己"；第二，培养学生对目的语文化的理性分析能力，即"认识他者"。

跨文化敏感性的培养有助于学生在心理和方法上做好应对不同文化的准备，减少对不同文化的不适应。高校在外语教学中可以培养学生的这种能力，使学生掌握语言知识，同时熟悉目的语文化中的具体表达和交际方法；系统地介绍目标语言文化的内涵和特征，组织学生去探索目标语言文化的精髓，使学生可以有更多的机会与外籍教师和学生交流。

文化敏感性可以分为五个阶段（图2-3）。

第一阶段：无意识无能力。

个体没有跨文化交际的意识，通常在无意识中冒犯来自另一文化背景的人。

第二阶段：有意识无能力。

个体已经具备跨文化交际意识，知道这样做是错误的，但不知道如何正确地去做。

第三阶段：有意识有能力。

个体在其他文化背景的人面前，知道什么是正确的、什么是错误的。

第四阶段：无意识有能力。

个体能够轻松地与来自其他文化背景的人进行交流，真正实现"双文化"或"多元文化"。

第五阶段：无意识超能力。

这是"多元文化"的表现，但并不是所有人都能随时达到这个水平。

```
         无意识超能力
      无意识有能力
   有意识有能力
有意识无能力
无意识无能力
```

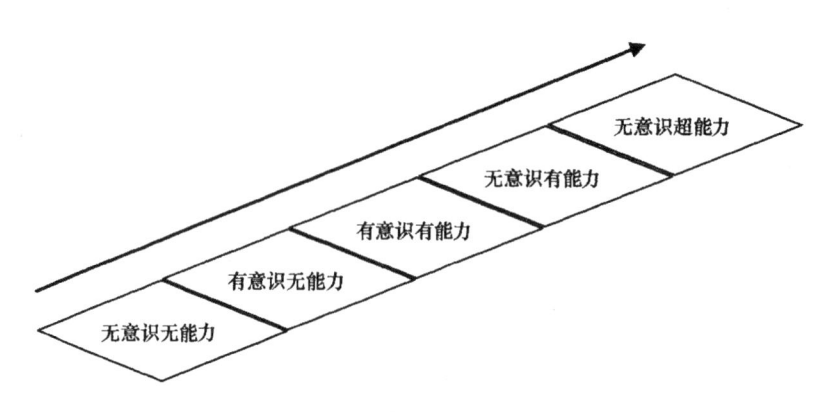

图 2-3　文化敏感性的五个阶段

跨文化敏感性训练是消除文化障碍的一种方法。高校外语教学的课时和内容有限，第三阶段或以上阶段的训练足以培养学生对文化差异的敏感性。

（二）跨文化交际能力的培养

跨文化交际能力的培养可以帮助大学生建立全球文化意识。尽管人类文化存在普遍差异，但一些具有共同特征的全球文化正在形成。大众媒体和现代通信手段正在打破地区和文化之间的界限。高校外语教育作为文化素质教育的一部分，应致力于培养适应全球市场需求、共享全球资源的人才。

跨文化培训是解决跨文化冲突的有效途径。目前的高校外语教学注重纯粹的语言技能的培养，忽视了对大学生的跨文化培养，应加强对大学生跨文化交际能力的培养。

跨文化培训一般包括：对目的语文化和母语文化的理解、文化敏感性培训、风俗习惯培训、生活方式培训、跨文化交际和冲突解决培训。通过跨文化培训，全面系统地讲授目标语言文化的价值观、伦理道德、风俗习惯、法律法规，大学生能增强对目标语言文化的理解和文化敏感性，了解和尊重不同的文化，减少文化冲突。跨文化培训还包括培养大学生的观察能力和面对面的交际能力，使学生在真实的环境中学习目的语文化。

可以借助"约哈里之窗"学习如何促进不同文化背景的人之间的交流。"约哈里之窗"将双方对对方的理解分为四种情况：他们知道、他们不知道、彼此知道、彼此不知道（图 2-4）。四种情况被合并成四个区域：开放区、盲目区、隐藏区和未知区。"约哈里之窗"解释了人类交流中可能出现的情况，人们可以采取相应的措施来提高交流的质量。

	他们知道	他们不知道
彼此知道	开放区	盲目区
彼此不知道	隐藏区	未知区

图 2-4　"约哈里之窗"

在高校外语教学中进行跨文化的培训，具体的做法可以参考以下几点：

1. 文化讲解

文化讲解主要是为学生提供目的语文化的一般知识，这是高校外语教学中最常用、相对简单的方法。

文化讲解不只限于口头讲述，还可以包括文化象征的讲解，目的是提高大学生的跨文化认知水平。学生可以体验文化差异，了解目的语国家的价值观，了解母语文化。内容涉及目的语文化的历史、人文、社会、制度、经济、习俗和态度。在实际教学中，可以通过对双方文化的比较，发现其所反映的价值观的差异。

2. 深度分析

教师可以通过案例分析等方法与学生进行深入的讨论，提高学生观察文化差异和包容不同文化的能力；通过外语角色扮演和各种场景模拟，帮助学生加强对不同文化的理解，培养自我意识，正视文化差异，提高适应能力。具体可以采用电影配音或者舞台剧的形式。

通过丰富的活动学习，学生能够了解当地文化及其与目的语文化的异同，分析不同的思维方式、价值观、行为和规范。例如，我们可以提供国外的庆典、体育节目等视频片段供学生观看，让他们了解当地的文化特征。

3. 实际体验

在教学过程中，可以让教师和学生互动，也可以让学生与外国教师和学生进行互动，通过亲身感受，增强对不同文化的感知。同时，他们可以发现本国文化中常见但不被接受的行为，这样就能及时解决文化冲突，提高他们的跨文化交际能力。

在与外国人的交流中，让学生了解外国人的非语言交流习惯，如眼睛、手势、身体距离等。在实时交流中，要求学生观察外国人的面部表情，以及他们如何表达快乐、悲伤、恐惧、担心、孤独等情绪。

第三章 跨文化背景下文化在外语教学中的意义

高校外语教学是一种在外语教学理论的指导下进行的教学活动，新时代要求下的高校外语教学以外语语言知识与应用技能、跨文化交际能力和学习策略为主要内容，结合各种各样的教学模式和教学手段形成一个整体，以培养学生的综合外语应用能力，尤其是听说能力，满足我国社会发展和国际交流的需要。其教学目标是使学生能够用外语进行有效的交际，增强自主学习能力，提高综合文化素养。

当前时代，我国对于外语人才的需求越来越多，要求也越来越高。外语人才不仅需要掌握外语知识，还需要更加多元化和国际化，具有跨文化交际能力。实践证明，缺失跨文化交际能力是无法在文化多元的当今世界中持续发展的。本章将分别对文化与交际、文化在语言教学中的意义和基于跨文化理念的外语教学进行研究和阐述。

第一节 文化与交际

一、文化

（一）文化的概念

"文化"这个词背后所蕴含的内容和意义是极为复杂多变、模糊不定的。许多国内学者甚至国外学者对文化的定义和理解都会有所差别。但是大多数学者认为文化应该包括知识、道德、艺术、信仰、法律、人文、习俗和人们身为社会中的一员所习得的全部能力和养成的生活习惯。文化包括两个层面，即显性文化和隐性文化。显性文化是可以看到和描述的，而隐性文化即使是训练有素的观察者也看不见，文化所隐藏的远多于它所揭示的。

亨廷顿将文化划分成大写的 C 和小写的 c，大写的 C 包括了人类文明中的所有，如文学、经济、政治、艺术、科技、建筑、哲学等方面；而小写的 c 则包括人类生活方面的特定方式，如生活习惯、饮食、行为规范、地域风俗等。与此同时，文化还包括了文化自身的发展历史和相关的价值观，对每个时期人们的行为进行了系统的阐述。

（二）文化的元素

文化的元素十分丰富，而文化元素又与跨文化交际密切相关。了解这些文化元素有助于我们理解文化在跨文化交际中的影响和作用。

1. 历史

中国五千年的文明史使中国人形成了尊重传统的价值观，尊重历史的人往往更注重传统和经验。历史是一面镜子，为现代生活提供借鉴。

文化在历史长河中代代相传，历史故事为人们提供了文化身份、价值观和行为准则，许多现代人的思想和行为都可以追溯到历史上。而当今西方的个人主义价值观直接继承了 18 世纪欧洲启蒙运动的思想，甚至可以追溯到古希腊、古罗马文化。

2. 社会组织

在任何一种文化中，社会组织都扮演着建立沟通网络、规范成员行为的角色。社会组织包括家庭、学校、政府、机构等。每一种社会制度都会对群体或个体对于自身的认识、对于国家的认识以及对于自身与国家的关系的认识产生影响。而在所有的社会组织之中，家庭是最基础也是最重要的社会组织，并且对个体或群体的价值观和思维情感的形成产生着巨大的影响。

3. 语言

文化之中极为重要的核心因素之一就是语言，语言并不只是人们交流、传递信息和情感的主要工具，更在人与人进行文化交际时发挥着巨大的作用，可以说语言是文化交流的重要载体。语言既能够表现出每种文化的价值观，还能够展现出每种文化的规范，是一个群体或个体文化身份的象征。有些学者甚至认为，语言对人们的价值观和世界观产生了巨大的影响。所以，语言是组成文化的重要部分，也是人们表现出文化习惯的重要载体。

一些学者从另一个角度讨论了文化元素，他们把文化比作"洋葱"，认为它包括以下 4 个层次（图 3-1）。

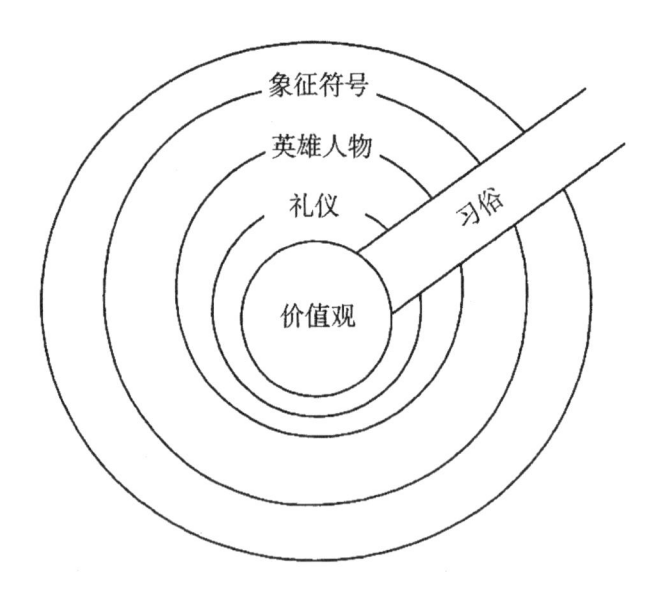

图 3-1 文化元素的 4 个层次

最外层——象征符号。象征符号包括服饰、语言、建筑等能够表达文化内涵的具体事物。

第二层——英雄人物。文化观念还在人类对什么样的英雄进行崇拜这一行为中体现出来。中国人对一些名留青史的古人极为崇拜，如孔子、孟子等，而美国人崇拜的对象则是近现代人物，如林肯、马丁·路德·金等。对每一个国家的人们所崇拜的人物进行了解，能够对该国家人们的价值取向有一个大致的判断。

第三层——礼仪。礼仪是每种文化对自然和他者的态度的一种外在表现。如中国人在春节时就有相互拜年、吃饺子、互送祝福等习俗；而西方国家则是在圣诞节去教堂做弥撒。

第四层——价值观。价值观是文化的核心，是衡量对错、美丑的标准。虽然价值观处于文化的最深层，但它们可以通过行为来表现。

（三）文化的分类

从外语教学和跨文化交际的层面来说，文化被划分为"知识文化"和"交际文化"两个方面，"交际文化"会直接影响到跨文化交际，而"知识文化"则不会对跨文化交际产生直接影响。我们可以理解为，当不同文化背景的双方或多方进行跨文化交际时，"交际文化"无论是从语言的文化因素还是从非语言的文化因素方面，都将直接对信息的传递产生影响。

学者们对文化进行分类的方法有很多，有些学者将文化分为物质文化、制度文化以及精神文化，有些学者则将文化分为知识文化和交际文化。但是，在跨文化交际的领域中，人们通常将文化分为主观文化与客观文化、主导文化与亚文化。

1. 主观文化与客观文化

在跨文化交际的领域中，人们通常情况下会使用主观文化和客观文化。一些跨文化交际学者将主观文化和客观文化进行了如下定义：主观文化指的是文化的心理特征，它包括了人们的思维方式、情感因素以及价值观；客观文化指的是社会制度和物质产品。客观文化的表现具体而直观，是非常轻易就能够认识和辨别的，而主观文化是人们脑中的思想，是无法轻易进行认知、识别和分析的。对客观文化进行学习能够增加人们的文化知识，而对主观文化进行学习则可以提升人们的跨文化交际能力。

与客观文化相比，主观文化与跨文化交际的关系更加紧密，此外，主观文化也是影响跨文化交际的主要因素。当不同文化背景的双方或多方进行交际时，由于各自的文化背景不同，各自的价值观、思维方式也会有较大的差异，因此会造成文化冲突和误解。所以，在跨文化交际过程中，人们对不同文化的价值观、思维方式、观念、信仰等文化因素十分关注。

2. 主导文化与亚文化

在跨文化交际领域中，另一种常见的文化划分方式是将文化划分为主导文化和亚文化。主导文化指的是在社会或组织之中掌握权力的个体所表现或代表的文化；亚文化指的是某个群体或个体在主导文化的背景下所具备的自身独特的文化特征。

亚文化也可以称为"共同文化"，它所注重的是所有文化群体是平等的，并且认为文化身份具有双重性，即有些群体或个体有可能同时拥有主导文化和亚文化的文化特征。

跨文化对比主要是对不同民族、不同国家进行对比。在跨文化交际的过程中，交际双方都需要对彼此之间的文化差异表示尊重，不能将对方的文化进行简化和片面理解，避免文化的刻板印象。所以，我们在进行跨文化交际时，既要能够理解主导文化的基本特征，还要注意亚文化所表现出的差异。

（四）文化的基本特征

1. 民族性

文化的本质是人类所创造出来的活动所形成的一种社会现象，它的发展依托于社会的发展。每个民族的文化内容都会在每个民族的社会活动中展现出来，因此，文化的民族性会在其"世界观"层面进行主要的体现，具体表现为每个民族对事物的观察角度和思维方式都不相同。

通常而言，民族的特征共有4个，即共同的语言、共同的生活、共同的地域以及共同的思维方式，这些特征构成共同的文化特征。所以，任何一个民族的文化都是该民族的一种表现形式，它是该民族经过长期的发展和传承所形成的，具备自身的民族特征。

2. 多样性与普遍性

在人类的发展长河中，文化是特定的、特殊的。无论从纵向历史还是横向空间来看，世界上不同时期、不同地区、不同民族的文化都是不同的。文化是代代相传的，一切文化创造都来自文化积淀的启发。经过多年来的研究，人类学家和社会学家对世界各地的特殊文化进行了大量的记录，充分显示了文化的多样性。

文化是一种集体意识，它其实是一个群体中的所有个体所通用的语言、思维方式以及行为规范。文化是判断自我群体和他者群体的一个重要依据。人们在对群体进行区别时，不能只根据该群体人们的外在特征，还需要基于他们的价值观、行为规范、语言等进行判断。文化的传承是一个长期的活动过程，每一代人都会从他们上一代人那里学习文化的规则，再使用这些规则去教育他们的下一代，文化就是这样代代相传的。

3. 动态性与渗透性

进化论学者认为，人类文化的进化是由低级到高级、由简单到复杂的。文化在本质上也是不断变化的，是动态的而不是静态的。也就是说，在文化研究中要注意文化的历时性和共时性，从历史的、动态的、发展的角度来看待文化。

伴随着社会的经济、政治等因素的变化，文化也发生变化。我国在改革开放之后，社会经济步入飞速上升的阶段，人们的物质生活水平发生了巨大的变化。而伴随着中国与国际的交往愈发密切，我国的消费水平、消费观念、婚姻观念、竞争观念等都发生了巨大的转变。新时期的中国人更加重视自身的价值实现和对物质生活的追求。但是近些年来，人们发现人类对于自然的索取与破坏已经导致了许多不可挽救的自然问题，全球变暖等现象的愈发严重也使得人们开始对西方征服自然、改造自然的价值观进行反思。

可见的文化因素，如衣着、饮食、礼仪等，是容易改变的，而有些文化因素，如价值观、世界观、思维方式等，则是几百年或几千年的文化积淀，不会轻易改变。

4. 后天性

文化不是与生俱来的，而是在社会化过程中逐渐获得的，强调习得性学习可能是文化最重要的特征。文化就是最好的老师、最好的教科书。如果一个中国孩子从小被外国人收养，即使他长大后是典型的中国人模样，他的思想和行为也会充分反映他成长环境的文化特征。人类学家称文化习得的过程为"文化适应"，社会学家称其为"社会化"。文化习得是指人们被自己的文化群体所接受的过程。这种文化习得在很多情况下是无意识的，主要是通过观察、模仿和交流进行的。在美国有一种很有意思的说法，叫"香蕉人"，指的是在美国长大的华裔美国人，外黄里白外表是中国人的外表，但思想是美国人的思想。

文化习得最重要的方式是与他人互动，通过与周围人的互动，孩子们了解了一套关于对与错、好与坏、道德与不道德的标准，这也就是为什么我们总说，家庭是最好的老师。

5. 无意识性

文化并不是个体所独有的，而是属于群体的共有物，是一个群体在创造社会、改造社会的过程中所形成的。当人们的思维方式、信仰、价值观等文化已经确立，人们对于他们自身的行为活动就会司空见惯。霍尔用著名的"冰山"理论来描述文化的这一特征——文化就像大海中的冰山，只有十分之一暴露在水面上，而十分之九隐藏在水里（图3-2）。露出水面的一小部分是占据主导位置的，它们在人们思想中，其中包括了礼仪、行为、饮食、文学等；大部分文化是一种隐性的意识，它们隐藏在文化的深层，也是文化的核心内容，这些文化影响着人们的行为规范、思维方式等方面，如价值观、态度、世界观等。

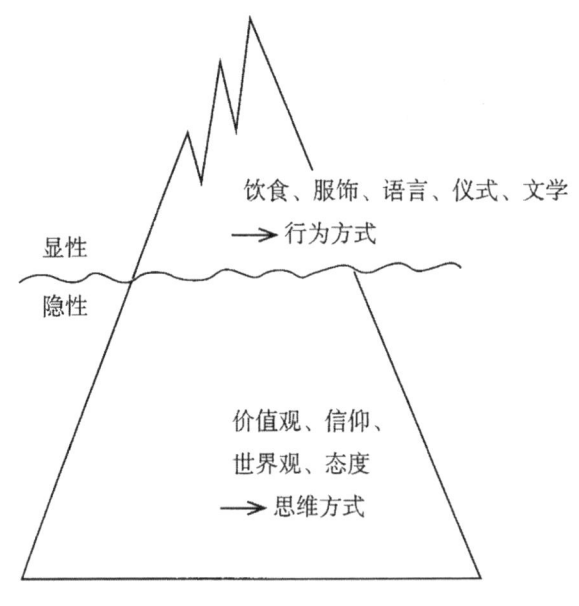

图 3-2 文化的"冰山"理论

隐性文化因素在显性文化因素中是有所体现的，如人们的语言、行为、文学、建筑、仪式等表面文化都反映了人们内心深处的价值观、信仰和人生观。跨文化交际会使深层文化从潜意识层面升华到意识层面。

6. 象征性

在人类的文化中，语言是一个重要符号，具有象征意义。语言是人们用来总结、解释世界的重要工具，它还能够传递信息、情感与思想。语言在文化的作用下使我们所处的世界变得井然有序，语言能够保存并传递文化中的思想、情感、信仰、行为规范、道德、价值观以及文学。

文化象征可以通过国旗、十字架、鲜花等物品来表达，值得注意的是，同一个符号在不同的文化和具体场景中可能有不同的含义。在国际比赛的颁奖仪式上升国旗是骄傲和忠诚的表现，而在一个孤岛上出现国旗则象征着主权意识。

文化不仅体现在语言的符号中，也体现在非语言的符号中。如手势、面部表情、身体活动、交流距离等潜意识行为，都具有特殊的文化意义。

（五）文化的功能

文化可以帮助我们正确地理解世界。人类学家曾说过：人们传承文化是为了处理与他们有关的问题或事情。

在当今世界，人们普遍有这样的共识：文化的起源和发展可以展现一个完整的人类世界,这样,人们就可以清楚地识别和了解周围的环境,包括物理和地理环境、社会和经济环境,我们可以与他人交流,以恰当的方式与社会、自然和谐共处。

文化可以教我们举止得体,在我们每个人出生的时候,文化就已经是我们的行为规范。它让我们学习到与同一个群体中其他人相处的行为模式,也就是根据特定的文化行为准则来活动。我们受到自身文化的影响,开始在思维中对自己国家的思维方式、价值观、生活习俗以及行为规范有了认识,并根据这种认识进行实践。

时至今日,文化已然是人类生活中必不可少的基础。文化已经成为满足人类三种需求的主要方式,这三种需求分别是基本需求(人类的衣、食、住、行等)、衍生需求(人类的工作、学习、生产、分配等)、综合需求(人类的心理安全、社会和谐等)。

二、交际

交际是指人与人之间的接触,不仅仅是简单的沟通,更重要的是文化上的互通。

(一)交际的含义

就像文化的含义一样,交际的含义是非常丰富和复杂的。交际是一个动态的过程;交流是一种象征性的活动;通信是一种编码和解码的互动活动。交际包括协商和意义的共同建构。以下是一些关于交际的代表性定义。

交际是一个动态的过程:在交际的过程中,人们试图通过使用符号来与他人分享自己的内心状态。

交际是一个编码和解码的过程:编码和解码的过程不是简单的传递和接收的过程,而是一个协商和意义的共同建构过程。

交际是系统性的行为:交际就是双方交换符号,建立一个相互依存、相互影响的系统。

1. 交际的概念

很多情况下只有拥有相同文化的人才能有效地沟通,也就是说,交际是信息交换的过程,它受到社会、文化、心理和语用等多方面因素的制约。

应用语言学认为,信息交换是交际的基本属性。

2. 交际的基本类型

交际是人类最基本的活动形式,有两种基本类型:一种是人际交际,即信息的发送者和接收者都是具体的人。另一种是非人际交际，可分为两类：第一种是广义上的人与自然的交际；第二种是组织与大众的交际。

无论何种交际，都是建立在以人为中心的基础上的，媒介的基本形式无非是语言和非语言。因此，交际形式可用图3-3表示。

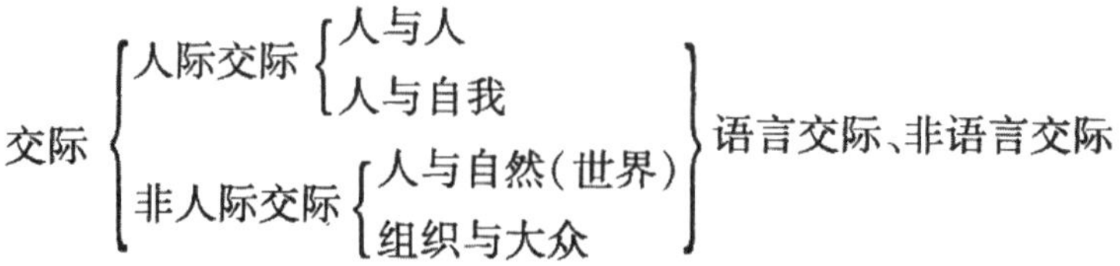

$$\text{交际}\begin{cases}\text{人际交际}\begin{cases}\text{人与人}\\ \text{人与自我}\end{cases}\\ \text{非人际交际}\begin{cases}\text{人与自然（世界）}\\ \text{组织与大众}\end{cases}\end{cases}\text{语言交际、非语言交际}$$

图3-3 交际形式

3. 交际的本质

交际是人类利用符号创造意义、反映意义的动态的、系统的过程。

（1）符号是交际的主要手段

符号包括非语言符号和语言符号。行为包括无意识行为和有意识行为。交际的发生往往不用进行语言和有意识的行为，当一个人在无意识、非语言的情况下做出一些举动被对方注意到时，交际就已经发生了。

（2）交际是一个编码和解码的过程

编码指的是人们将情感、思想转换成语言信息或非语言行为以及书面语言符号的过程。解码指的是人们对他者传递的信息或者符号进行解释。只有当发送方和接收方共享统一或封闭的编码系统时，才能保证编、解码的有效实施，从而实现有效的交际。

（3）交际是动态的

交际的过程是一个渐进的过程，因为文化是在不断进步的，人们总是受到彼此文化信息的影响。

（4）交际是系统化的

交际行为实质上属于一种社会文化行为，它无法独立于他者发生，并且会受到社会制度、社会政治以及经济等多方面因素的影响。对交际产生重要影响的一般为交际环境和文化环境两个因素。

（5）交际是互动的

在交际中，人们不断地同时发送和接收信息。

4. 交际的要素

（1）信息源

信息源是信息的生产者和说话者。由于传播通常是由多人参与的，因此在传播过程中通常有多个信息源。

（2）编码

编码是一种人类的心理活动，所谓编码，即信息发出者在言语或非言语符号中赋予意思和信息。

（3）信息

信息是发送者思想的具体体现，是编码的结果。

（4）通道

通道指的是能够对信息进行传递的物理方式或媒介。通道的表现形式是多种多样的，它可以以文字形式出现，如报纸、杂志、信件、书籍等；也可以以电子形式体现，如视频文件、电子书等；还能够以声波和广播的形式出现，如广播、音频文件等。

（5）信息接收

信息的接收者既可以是有意识的接收者，如信息传递对象；也可以是无意识的接收者，如他人在机缘巧合下了解到信息。人与人之间的交流是一种复杂且连续的过程。所以，在交流的过程中，人既是信息的传递者，又是信息的接收者。

（6）解码

解码是将外界的刺激转化为有意义的思维，接收并分析发送者的信息的内在活动。

（7）反应

反应是指信息接收者解码后的行为。信息接收者的反应可以是信息源的预期行为，也可以是信息源不希望看到的行为。

（8）反馈

反馈指的是信息接收者接收到信息之后做出的回应。它是被信息的传递者接收后再给予意义的。反馈在交流中非常关键，人与人的交流通常根据反馈来判断信息的分享是否有效，从而对接下来的信息或行为进行调整。

以上交际要素的关系可用图 3-4 表示。

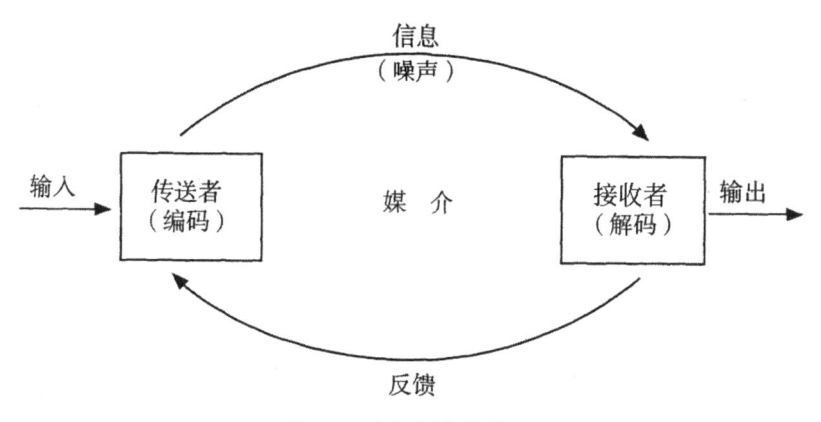

图 3-4　交际要素的关系

（二）交际的特点

跨文化交际是人类交际的一种形式，要了解跨文化交际的特殊性，就需要了解交际的一般特征。

1. 象征性

人类为了更好地沟通，更直观地表达自己的想法，更真实地感知世界，创造了象征符号。交际中的符号包括语言、非语言行为和客观物体。

有很多研究跨文化交际的学者都认为，符号与其所象征的客观事物之间并没有必然的联系。不过，符号所代表的意义是主观赋予的，在群体中是一种约定俗成的信息，符号的意义也是在社会发展的过程中产生的，这就代表着每种文化所使用的符号都有着不同的意义。某一文化所共用的符号所表示的意义在另一文化中也许是另外一种意义。由于相同符号在每种文化中的意义不同，当人们在跨文化交际过程中使用符号时，就会产生文化冲突和误会。

2. 动态性

在交际中，每个人不仅是信息的发送者，而且是信息的接收者。在交流过程中，双方不仅对各自的信息、情绪和态度进行编码和输出，而且对彼此的信息、情绪和态度进行输入和解读。

但是，在跨文化交际中，由于语言障碍或价值观的差异，编码和解码过程经常被误解。在不同的文化背景下，人们对信息的理解是不一样的，当外国人与中国人打交道时，如果不知道某词语在中文环境下的特殊意义，就可能会产生误解，对于外国文化，我们也是一样的。

交际作为一个过程，还表现出连续性、复杂性、非重复性和不可逆性。信息的发送者一旦说了什么或做了什么动作，接收者就可能立即形成印象，即使发送方修改和纠正了先前的信息，接收方的印象已经形成，也不会轻易改变。

3. 协商

协商是交际的目的之一，每个人都希望在交流中被理解。交际中的信息包含两种意义：内容意义和关系意义。

内容意义指的是人们将事实信息通过语言进行传递；关系意义指的是用非语言活动对信息的内容进行解释。只有在双方传递出的信息意义都被对方理解时，沟通才是成功的，反之就会出现误解。在不同的文化背景下，语言的表意并不完全一样，在现实交际中，可能会因为一个词语、语气，就让整句话的意思完全颠倒。如果来自其他文化的人不能认识到词语的隐含意义，就可能产生误解。

4. 交际发生在意识的各个层面

事实上，人类社会中的大多数交际行为都是由于人类的社会化，而在交际行为中有许多都是发生在无意识的社会交际之中的。绝大部分的人都已经对自己文化的行为规范形成了惯性，在进行交际时就会下意识地使用自身的交际行为规范和思维方式进行活动。

人们的很多语言行为是有意识的，但很多非语言行为是无意识的。例如，当收到礼物时，中国人会在潜意识中将礼物放在一边，这是绝大多数中国人的潜意识行为。但是在西方人看来，这种行为就代表着对礼物的不在意或是不喜欢。这是由于不同文化背景的人思维方式不同导致的，常常一个下意识的行为会对其他文化背景的人造成冒犯。

5. 交际是在特定语境中发生的

交际总是发生在特定的语境中，一种交际行为是否得体取决于很多因素，如交际的场合、环境和对象。

在跨文化交际中，人们往往由于忽视语境造成误解。哪一种交际行为是礼貌的，哪一种交际行为是得体的，都取决于具体的语境。通常来说，不同国家的交际文化存在着巨大的差异，我们在与外国友人进行交谈时，要充分了解他们的文化，避免造成错误的理解。

三、文化对交际的影响

（一）文化与交际的关系

"文化就是传播，传播就是文化。"该定义将交际与文化进行了密切的融合，但是文化与交际所强调的重点是不同的。文化是对结构进行强调，而交际则强调过程。即使文化与交际相互影响，但是在跨文化交际领域中，我们还是对文化对交际的影响进行重点研究。

相关学者的研究表明，在交际的过程中，文化主要体现出三个作用：第一，文化对人们的感知进行影响；第二，文化对人们的语言行为进行影响；第三，文化对人们的非语言行为进行影响。人们的绝大部分交际行为是由文化引导而形成的，文化指引着人们的行为并对他人的行为进行解释。

文化在两个方面对交际产生影响：第一，在文化规范方面；第二，在个体层面。文化对交际的影响是社会化过程中社会文化规范与个体特征相互作用的结果（图3-5）。以往，我们仅仅重视文化规范的影响，但实际上，个体的性格特征也是影响交际的重要部分。即便是同一民族、同一地区的人，也会有谦虚内向的人和阳光开朗的人。这些交际行为的差异与个人的成长环境和性格特征有着密切的联系。

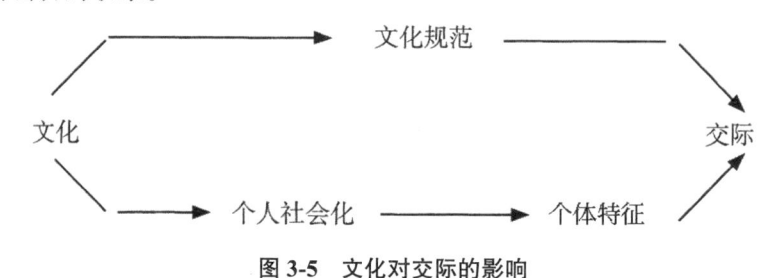

图 3-5 文化对交际的影响

（二）文化与感知

感知是人类对外部信息进行选择、组织与解释的一种处理活动，它能够帮助人们在脑海中形成对世界的理解。人们对外部世界的感知并不都是真实的，而是经过人类的感官处理后，产生不同的感受。通常情况下，感知受到文化的影响，文化制约了人类对客观世界的感知。

1. 文化影响人们对外界刺激的选择

客观现象成千上万，但人们对它们的反应是有选择性的，这不是一种自然的心理过程，而是一种文化的心理过程。

2. 文化影响人们对外界客观事物的解释

人们对于外界客观事物的解释受到了文化的影响。当一位大学生经常在课堂上表达自己的观点，并对教师的观点不断提出质疑时，这种现象在西方国家就会被认为该学生具有良好的自信心和批判性思维，但是在中国文化中，这种表现会被认为该学生没有尊师重道的观念。在一个强调男女平等的社会里，男人在家做饭和照顾孩子被认为是体贴和爱的表现；然而，在一个男性地位高于女性地位的社会里，男人在家做饭会被认为缺乏男子气概和赚钱能力而被嘲笑。这说明文化对我们成长的影响限制了我们对外在事物的理解。总之，我们对他人行为的感知、联想和解释都受到我们自身文化的影响或限制。

（三）文化与交际行为

文化能够对人们的行为进行指导是它的基本特征之一，因此，文化给予了人们一种知识体系，使得人们对如何与其他人进行交际产生了理解。文化帮助人们设置了在日常生活中的交际行为规范，因此，不同文化背景的人在交际过程中表现出的行为特征会有所差异。大多数文化因素都是无形的，但是我们可以从人们的行为中意识到文化无处不在的作用。

1. 文化影响交际方式

在现代西方社会和当代中国社会，男性和女性之间的交际是相对自由开放的，男性和女性走在一起是很自然的。而在有些国家，至今都遵从着男尊女卑的规则，这也是代代相传的。文化对人们的影响是方方面面的，你受到了什么样的文化熏陶，就会产生相应的文化行为。

2. 文化影响审美观点

审美的方面有很多，从诗词歌赋，到穿着打扮，面面俱到。就从各国对通勤妆容的要求来看：日本女性更注重妆容的自然感，但是出门一定要化妆，认为这是对他人的尊重；韩国女性更注重妆容的通透感，致力于打造无瑕的妆感，显得青春、有活力；俄罗斯的女性希望妆容可以修饰眼眉，但是并不会每天都带妆出门；中国的女性则希望自己的妆容可以更加精致。这些差异不仅反映了不同文化的不同审美观念，也体现了不同文化对社会角色的不同期望。

3. 文化影响饮食行为

人们吃什么和不吃什么都反映出文化的影响。例如，信奉不同宗教的人们，在饮食上会有很大不同，人们是否吃肉或吃什么样的肉不仅与他们的习惯和环境有关，也与他们对事物的看法有关。就像当代的一些人以素食为主，或成为一个彻彻底底的素食主义者，他们并不是为了保持身材、健康，完全是因为对自然的敬畏。

饮食礼仪也受到文化的影响，如许多信仰宗教的人都会在吃饭前祈祷。文化在一定程度上影响了饮食的选择和习俗。

4. 文化影响生活方式

生活方式在一定程度上影响人际交往方式。在中国，孩子和父母的关系十分亲密，就算孩子成年后，双方依旧保持着高频的接触；而在西方国家，子女成年后就要搬出家，开始独立生活。这一生活方式的不同，也让受这种文化影响的人们有了交际方式上的不同，反映出人们对家庭成员关系的不同看法。

现代社会工业飞速发展，汽车已经成为人们普遍使用的交通工具。汽车的普及使得人们在出行上更加自主和独立，也使得人们的交际方式发生了变化。汽车在人类社会中的广泛普及使得人类社会的人口流动更加频繁，人与人之间的关系变得更加疏离。在以往的农业社会，人们的出行方式通常是步行或者是乘坐由动物驱动的车，因此，人们的活动范围十分狭小，大多数人们通常一生只在一个地方生活，很少脱离生活环境，所以人们的关系更近，人们更加注重集体相互依存、和谐。

从以上方面来看，文化是影响交际行为的一个重要因素，但不是唯一的因素。

一些西方学者将人的行为分为三种类型：普遍的、文化的和个体的。普遍行为是指具有不同文化背景的人共同存在的行为，如珍惜家庭、爱情和友谊等，这些都是常见的人类行为。文化行为是受特定文化影响的行为，比如中国人讲究孝顺，西方人讲究隐私等。个体行为是指在同一文化中不同于他人的特征或偏好。

第二节 文化在语言教学中的意义

在国际交际中，语言已经不再是人与人交流时的障碍，人们能否理解对方的文化和思维方式才是影响国际交际的重要因素。文化、语言、交际"三位一体"的理论将跨文化交际与外语教学紧密地结合在一起。这个紧密的结合既能够在同一文化中表现出来，也能够在不同文化中体现出来。

一、语言

（一）语言的概念

语言的作用是表达思想和传达信息。它的组成部分有语音、语法、词汇，是由大量独立的、有声音的、有意义的基本单位所构成的。语言更是一种符号系统，它是由符号之间的关系、符号与指称之间的关系以及符号与使用者之间的关系三部分组成的。

语言不仅是声音和意义相结合的符号系统，而且是一种文化符号。语言结构制约着一个民族的"集体无意识"或"集体意识"。语法和语言表达可以反映一个民族的世界观、思维方式和文化心理。

语言能够利用自身的符号系统（文字和声音）对外界客观事物、人物、人物的经历及情感思维进行定义。不同文化背景的人在遭遇到相同的事件时，可能会产生截然不同的反应和行为。所以，语言符号系统在某种文化背景下长时间地应用就会使得该文化背景的群体和个体产生固定的情感思维和经验模式。此外，不同的文化群体使用语言的方式也不同。例如，在语言交际中，阿拉伯人特别推崇隐喻等修辞手段，而日本文化则鼓励尽可能简明地说话。

（二）语言的功能

通常情况下，语言的功能指的是语言的交际功能和语言的思维功能。此外，语言学家将语言的功能分为两种基本类型：心理功能和社会功能。

语言的心理功能指的是人类与客观事物进行交际的一种方式；语言的社会功能指的是人与人之间交流与协商的方式。由此看来，语言的心理功能是一种内驱式的主观功能，语言的社会功能是一种显性的交际功能。

事实上，当人们用语言与客观世界进行交流时，能够将语言的思维功能表现出来，并且体现出语言心理功能的内隐性和自主性两大基本特征。

社会功能是从语言使用者的客观角度出发的。它指人类在社会生活和社会交往中使用语言进行交流和互动的功能。也就是说，语言是人与人进行人际交往的一种手段。它实际上是人与人互动、交流的一种智力活动和心理过程。

（三）语言的本质特征

语言是人类交流、传递信息的工具。语言源自每个民族、国家、地域的文化，它的发展和表现形式受到了文化的制约。语言的这种双重功能决定了语言的基本特征。

（四）语言的文化性质和文化价值

语言的文化本质就是语言是文化的一部分，语言也可以说是一种具有自身系统的特殊文化，人们能够对语言进行研究而理解该语言所代表的文化。语言是人类特有的能力；语言是文化的载体之一，也体现出一个民族凝聚出的文化价值，所有的语言都以文化为中心，语言是文化的核心。因此，语言教学与文化教学是密不可分的。

语言是一个结构系统，它是由很多因素构成的。借助语言分析各种文化现象比直接分析文化更方便、更清晰。语言的文化价值表明，学习语言是了解和学习一个民族的文化最有效的途径，也是学习外国文化、了解文化差异、培养跨文化交际能力最有效的途径。

二、语言、文化和交际"三位一体"的关系

曾有学者将文化视为一种由信仰、价值观、习俗和行为组成的共享体系，人们利用它与他人和世界进行交流。这说明文化由共同的行为模式（交际）和意义系统（语言）组成。文化包括物质实体、价值观、行为模式等要素，文化是社会成员共同拥有的。换句话说，语言和交际是文化的一部分，文化是在社会的发展中逐渐形成的，语言、交际和文化是一个不可分割的整体。

在由语言、文化和交际构成的人类活动系统中，语言是一种重要的交际方式，文化是交际所依赖的环境，交际是信息传递的过程。沟通不仅传达思想内容，也传达有关沟通双方关系的信息。

在整体交际过程中语境分为两类：一是客观环境，如地理位置、周围布局等；二是社会文化环境，如场合、人际关系等。上述的这些环境因素不只对语言和非语言的使用产生了直接的影响，还对语言所传递出的信息有巨大的影响。一个环境已经具备了诸多文化因素和文化内容，不同文化背景的人对外部世界与客观事物的感知和理解会有巨大的差异，因此我们可以说文化决定了语言的发展和交际的成败。只有当人们产生交际时，语言和文化才能够实现共享，文化的纽带作用是在交际行为中体现出来的。

通过对语言、文化的探讨，我们能够得出一个结论：交际实质上是一个传递信息的动态过程。在传递信息的过程中，文化是传递信息的基础，语言和非语言则是传递信息的重要工具。交际、语言和文化既是相互依赖的，又是相互促进的。

我们能够从某个群体或个人所使用的语言来判断出其思维方式、价值观以

及生活习俗。语言的生存基础是社会文化的发展以及变革,交际则是文化与语言之间的桥梁。所以,语言、文化和交际是密不可分的关系。

三、文化在语言教学中的地位

语言与文化的相互依存关系决定了文化在语言教学中的重要性,语言、文化和交际的"三位一体"的关系使我们重新审视真实的语言教学。语言不仅是文化的载体,也是文化的重要组成部分。语言表达、承载和象征着文化,它们是不可分割的。在外语教学中,必须重视目的语的文化教学,因为要掌握一个民族的语言,就必须了解其文化。

对于高校外语教师而言,高校外语教学目标对其提出了明确的要求,教师需要有目的地、有意识地、明确地将文化融入外语课程中。学生在与外国人交流时使用外语的能力不仅受到语言技能的影响,还受到自身对目的语文化理解的影响。跨文化理解本身也是现代教育的一个基本目标。

中国学者认为:在高校外语教学的过程中,语言文化的教学是一个理解意义的动态过程。教师们需要将文化与语言之间的关系理解清楚,将交际作为纽带,将文化内容和语言教学进行良好的融合,努力做到"语言教学的过程也是文化教学的过程"。

言语社区、言语事件、交际能力等新概念不仅丰富了社会语言学的研究,也为外语教学的改革与创新奠定了理论基础。

由于文化与语言的亲密关系,文化已经成为语言教学中非正式的课程。从教学的层面看,文化知识能够帮助学生进行更好的语言学习,提升学生对目的语的学习积极性和语言敏感度,并使学生能够熟练地应用目的语。在跨文化交际的过程中,人们所使用的语言会在潜意识中体现出自身的文化因素。语言是文化的体现,是文化传播、发展和延续的载体。

文化教学的过程必须建立在了解自己国家的文化和其他国家的文化的基础上,之后产生文化的交际、信息的交换以及教育之间的讨论。这里涉及三个方面,即本民族文化、其他国家的文化或目的语的文化,以及两者相互作用的第三方文化或中介文化。

首先,语言教师要加强学生对本土文化的掌握,从而产生对目的语文化的讨论,激发学生对目的语文化的兴趣。其次,在教学过程中,教师应从心理学和人类学的角度比较本土文化和目的语文化,以帮助学习者将语言知识嵌入一个可翻译的框架,使他们积累经验和了解外国的语言与文化,在本土文化和目标文化之间建立联系。这就为学习者了解目标文化甚至世界文化打开了一扇窗户，让学习者可以用一双眼睛来观察自己的文化和其他文化，记录不同文化所传递的信息。

社会文化情境影响着语言学习者的表达方式和内容。除了语言表达，学习者还会模仿说该种语言的人的行为和思维习惯。这些都属于文化范畴。我们与文化的互动通常是在潜意识的层面上进行的，潜意识是指那些支配人们行为的内在的、隐藏的东西。

第三节 基于跨文化理念的外语教学

跨文化交际已成为21世纪的特征，任何国家、民族或机构要参与国际事务、国际合作和国际竞争都不可避免地面临着这个时代特征带来的挑战。对于个人而言，培养和提高跨文化交际能力具有重要意义。跨文化交际能力的培养是一个长期的过程，单靠短期的跨文化培训是无法完成的。跨文化交际能力的培养应该作为一项跨学科的教育活动，由多个学科共同参与完成。

一、外语教学是培养跨文化交际能力的重要途径

语言是文化的符号，即"符号文化"；文化是以人为核心的广义文化，即"人性化"；交际是符号系统、语用系统和文化系统的"信息转换"；外语教学是一种"交际"，即"文化适应"。以往对语言、文化、交际和跨文化交际的定义和描述告诉我们，语言是符号。任何外语教学都必须明确，要学习一门语言，就必须学习和理解语言符号系统的形式、意义和组合规则。

语言的意义是"文化的象征"。一个完整的外语教学不应只考虑结构系统中包含的文化背景知识、语言的语义系统和使用系统，还需要充分考虑社会心理因素和社会行为因素这两个主题。因此，任何外语教学都必须把语言作为跨文化交际的工具。只有在跨文化交际中，学习者才能真正学会使用所学的外语。由此可见，外语教学就像一根针，把语言、文化和交际联系起来，是培养跨文化交际能力的重要途径。

二、高校外语跨文化教学主要关注的问题

学生在跨文化交际的实践活动中，除了对目标文化缺乏了解外，对于中国文化的理解也远远不够，无法将中国文化正确地用外语进行表达，这也是阻碍跨文化交际成功的重要因素之一。这就是我们常说的"中国文化失语症"，也就是中国的外语使用者在与外国人交流时不能将中国文化用外语进行正确的表

达。沟通是一种双向的行为，跨文化交际应该是一种"文化共享"和"文化影响"，这两方面在跨文化交际中产生着重要的影响。

外语教学中缺乏目的语文化教学，导致国际交流中出现多层次的交流障碍，而且在外语教学中还缺乏中国文化知识的教学，这对于跨文化交际造成的负面影响更大。跨文化交际中的交际双方没有足够的文化平等意识，他们通常只是在传递和接收一般信息，或者是单方面对目的语文化知识进行了解，而没有积极向对方输出自身的母语文化知识。

跨文化交际并不是单向性的，也不是简单地对目的语进行接收、翻译。跨文化交际人才在将世界先进文化引入的同时，还要将中国的优秀文化展现给世界。在高校外语教学中，要始终在外语课堂教学中坚持中国文化知识的教学，要能够将中国文化教学系统化，使之符合新时期的跨文化交际与时代需求。经过多年的实践，我们已经发现将目的语作为中心的教学理念已经无法完成将中国文化传向世界的重任，只有让当代大学生同时了解不同文化，才能使他们正视文化冲突，以深厚的文化修养和独立的文化人格成功开展跨文化交际。

三、高校外语教学在经济全球化和地方化环境中的重新定位

对外语人才的需求使得大学生跨文化交际能力的培养无论在宏观层面还是微观层面都处于重要地位，学生不仅要有基本的文化素质，而且还需要突破文化差异的障碍，减少不同的文化背景所导致的误解和冲突，这样双方才能努力以积极、宽容的态度进行沟通，消除误解，从而成功地跨越"文化鸿沟"，搭建起一座"文化桥梁"。

人才的培养始终都以社会需求为目标，高校外语跨文化教学应当以社会需求为落脚点，结合高校外语教学的特殊性，将高校外语教学跨文化交际能力进行定位（图3-6）。

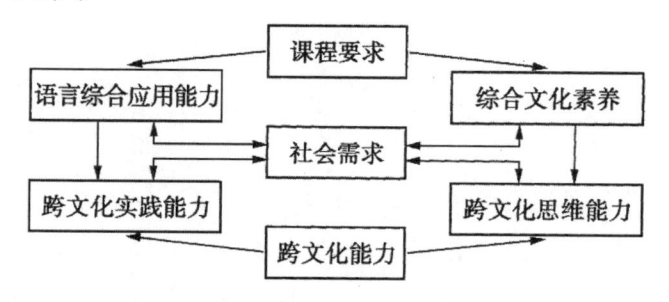

图 3-6 外语教学跨文化交际能力定位图

以跨文化意识为导向的外语教学

　　高校外语教学中的跨文化交际能力可以概括为"跨文化实践能力和跨文化思维能力的统一"。前者有利于学生在今后的工作中完成实际任务，而后者则有利于塑造和改进学生的思维方式，使学生能够在跨文化交际的语境中进行类比学习。为了实现这个教学目标，我们需要在日常的教学中不断探索、挖掘合理的教学方式、方法。

第四章　外语教学中的跨文化意识培养

高校外语跨文化教学一直处于语言教学的边缘地带，既无法满足跨文化交际发展的需求，也无法满足人才培养的需求。跨文化交际能力的培养成为迫切需要完成的一项长期的、实践性的教育任务。在培养学生跨文化交际能力的基础上，还应树立深刻的跨文化交际教育理念，探索并总结一套适于培养学生跨文化交际能力的教育方法。

学生对有效的跨文化教学的期待是怎样的呢？

大多数学生非常希望提高他们的语言能力，并期望在跨文化交际和外语沟通中展示自己的文化魅力与交际能力，这也印证了实行跨文化外语教学模式的紧迫性和必要性。

一个成功的跨文化外语教学模式的形成要求文化教学与语言教学相结合，提高教师的综合素质和教学能力，并对跨文化教学的目标、内容以及教学活动等各方面进行整改，培养具有跨文化意识和交际能力的高素质人才。因此，我们需要采取相应的教学措施来推动跨文化教学的系统化。

在跨文化交际能力"三位一体"的模式下，需要相同的理论框架结构来构建一个有效的跨文化交际能力的训练系统，并在认知、情感和行为方面对学习者产生一定影响，以满足学生的需求和推动国际社会的发展。

经济全球化格局的逐渐形成，使得中国渐渐与世界接轨，同时意味着我国的跨文化教学要平等对待目的语文化与母语文化，要将二者放置于同等重要的位置，对语言文化与思维方式之间的异同进行仔细分析，培养学习者的语言文化平等观和跨文化自觉意识，担负起复杂而又艰巨的培养跨文化交际人才的责任。

跨文化外语教学与传统外语教学在教学目标、教学内容以及教学理念上的差异决定了其教学策略与教学原则的特殊性。跨文化外语教学顺利进行的前提是处理好教育部门、学生和教师三者之间的关系。这三种关系具体体现在以下三个方面：本土文化与外语文化的关系、外语功用性与人文性的关系、语言教学与文化教学的关系。

跨文化教学以丰富多元的教学内容以及打破传统的教学原则与教学策略，积极地调整和改变了学习者的认知、情感和行为，激发了学习者的学习潜能，并利用多媒体网络技术来辅助学习者积累知识、转变态度，加强课堂内外的文化教学，培养学生的自主学习能力，在此基础上发展学生技能，提高其跨文化交际能力。本章将对跨文化意识的认知培养、跨文化意识的情感培养以及跨文化意识的行为培养进行研究与阐述。

第一节 跨文化意识的认知培养

许多教师和学者认为，跨文化交际能力实际是指个人在目标语言的文化背景下，能够适当调整自己的母语习惯以及对事物的惯常理解，以全新的角度来看待世界，从而形成一种新的认知形态。

跨文化教学中的认知培养同时也标志着新的教学理念、教学目标以及教学原则的确立。

一、树立正确的教学理念

跨文化教学的相关理念在当前我国的外语教学领域仍然是一个具有一定前沿性的概念。国家教育行政部门对跨文化教学的解读和下发的相关政策对我国跨文化教学的发展有着直接影响。正因如此，教育行政部门的专家和领导应积极借鉴发达国家的跨文化教学经验，从战略高度对跨文化教学的时代意义进行分析，并确立其目标和内涵，从而为外语教学提供理论基础和明确方向。

在教学实践中，教师需要根据不断变换的世界文化格局来更新原有的传统的教育理念，坚持将语言教学与文化教学相结合，充分发挥母语文化在文化学习中的四个作用。除此之外，教师还要对外语教学中的文化教学理论框架进行进一步的探索，以求形成系统性的跨文化教学理论框架。

随着外语教育行业的高速发展，体验式外语教学横空出世，其作为一种带有全新教学理念和模式的教学形式，逐渐受到了外语教学研究者的广泛关注。完整的经验学习理论是体验式教育的理论创始人大卫·科尔布在20世纪80年代提出的。他系统地阐述了经验学习的过程，这一过程是由具体经验、反思性观察、抽象概念化和主动实践四个适应性学习阶段组成的圆形结构。也就是说，在学习过程中，学习者消化、吸收自己的经验内容，将其内化为自己的知识，并最终运用到实践中。自此之后,原本的知识"传授"式教学模式转变为知识"体验"式教学模式。

在经验学习理论基础上建立的体验式教学模式,对教师提出了更高的要求。教师需要根据教学内容来对课程进行情境创设,让学生能够身临其境地获取所学知识,丰富理论与实践经验,从而提高专业技能。学生通过对所学内容的直接接触,在自由、自主、情知融合的环境中逐渐培养实践创新能力。

体验式教学模式与以往的教学模式的差异在于,体验式教学模式注重以学习者为核心,认为教学过程中学生的自主学习更加符合学习者"内化"的学习认知规律。在课堂中创设与教学内容相关的教学情境有助于激发学生的学习积极性和参与教学体验的热情,使学生能够将所获取的语言知识与技能运用到语言实践当中。

建构主义作为体验式外语教学的理论基础,强调学习者在教学活动中的核心作用,认为学习的过程就是建构知识体系的过程,学习者需要在其中发挥学习的主体作用。教师作为教学活动的辅助者,应积极推进学生对新的知识体系的构建,帮助他们进行意义建构,而不是在教学活动中占据主导地位,成为知识的提供者和传输者。建构主义的教学方法具有多元化的特点,其教学环节主要包括情境创造与合作学习,二者有一定的相似之处。学习者在教学过程中不再是被动的知识接收者,而成为主导者,最终独立完成对所学知识的意义建构。

此外,体验式教学不被时间和空间所限制,多媒体网络资源的利用为学生带来了更加丰富的教学体验,在活跃课堂气氛的同时,激发了学生的感官和思维,使他们积极自主地学习语言及文化知识。

文化是随着社会的变化而不断变化发展的,过去发生的事情会对语言表达的意义产生影响,语言的意义同时也影响着未来即将发生的事件,二者之间相互作用、相互影响,成为无限循环的过程。世界格局的转变随之带来的是社会、经济、政治的发展,世界各民族的意识形态、生活方式以及价值观等方面也在不断发生变化,因此,外语教学不应单纯以教师为中心,机械地给学生灌输知识,而应以学生为教学主体,提高学生的自主学习能力,强调对学生文化敏感性的培养,进一步增强学生的主观能动性和文化意识,以此处理文化差异。

二、明确合理的教学目标

培养跨文化交际能力已成为新时期外语教学的目标。研究表明,规范、正确的语调、语音以及语法并不能完全保证交际的有效进行。培养学生的跨文化能力是跨文化教学的主要目的，因此，学生在此过程中要对目的语的文化背景以及词语所蕴含的文化内涵有一定的了解，这样才能准确地掌握目的语的运用规律。

外语社会功能的进一步演变，顺应了世界政治、经济、文化的发展趋势，也是外语教学服务社会的需要。通过跨文化教学，学生不仅可以了解人们如何以跨文化的视角观察世界，也用语言来反映社会的思想、习惯和行为，学习适当的语言和交流方式。

跨文化交际的成功，除了在于对目的语使用规律的熟练掌握，还在于对外国文化的敏感性和包容性。学习者在学习过程中需要对目的语国家的思维习惯、合作态度、认知模式等意识形态进行了解，同时要尊重交际对象的文化背景以及风俗习惯。

学习者在与人交际的过程中，常常以自己的文化视角来对其他国家的文化进行理解与审视，并没有深入探究文化表象下所包蕴的内涵。学生通过直接学习、体验和参与培训课程，逐渐深化对隐藏的文化内涵的理解，提高对文化的灵敏度，并在跨文化交际中灵活处理文化差异，从而有效地进行跨文化交际。因此，跨文化教学中需要特别强调对学习者吸收外国优秀文化和融合中外文化的能力的培养。这不仅是我国外语教学中文化教学的发展趋势，同时也是跨文化外语教学的终极目标。

三、正确处理三种关系

（一）本土文化与外语文化的关系

在当今经济全球化的格局之下，语言不仅仅是学习者了解外部世界的工具，同时也是外部世界了解中国的媒介。语言交流是双向的，在经济全球化的时代下，外语文化对中国社会及文化产生了重要的影响：浪漫动人的好莱坞电影和风潮时尚的美国流行音乐受到了大批年轻人的追捧与青睐；诸如情人节、圣诞节等西方传统节日开始在社会中风靡、盛行。在中国社会中的方方面面都可窥见外国文化的影子，这是值得我们去反思的。

在语言交流的过程中，外国文化与价值观的输入使得中国传统文化逐渐被忽视、弱化，而中国的外语学习者由于缺乏对中国本土文化的认识与了解，也很难对外输出中国独特的思想价值观与意识形态。因此，如何处理跨文化教学中传统文化与外国文化的关系是值得我们进一步探讨的问题。

1. 重视学生对母语和母语文化的研究

作为一个中国人,我们的母语就是汉语,我们应通过对母语的研究与学习,形成中华民族独有的思维方式与意识形态,将本民族的文化继承并发扬光大。

2. 认识到"中国外语"存在的客观性

外语通过向外传播,发展为多种不同类型,"中国外语"的存在就是证明。"中国外语"指带有汉语词汇、语法、表达习惯的外语,是一种具有中国特色的语言。"中国外语"在运用时也有其语言规律,因此应注意以下几点:

①让外界接受"中国外语"。中国人应在坚持外语语言共同原则的情况下合理运用外语,使其能够被外语国家的人们所接受;

②用外语准确表达中国的传统文化,如中秋节、端午节等;

③在交际过程中如果出现了文化冲突,应尽最大努力化解,从而达到跨文化交际的目的。

3. 正视文化差异

教师在外语课堂中可以适当利用母语,对目的语与母语之间的文化背景与语言形式的异同进行对比与分析,进一步深化学生对不同语言和文化的理解。因此,教师在外语教学中应充分利用母语的正迁移,帮助学习者更好地掌握外语。

在经济全球化的时代,我们在外语教学中应尽力维持外语文化与中国传统文化的平衡,吸收外来文化的同时也不能忽视本民族的传统文化,通过外语或"中国外语"来宣传我们的文化。外语学习者可以通过外语学习培养跨文化交际能力,最终在全球多元化社会中生存和发展。

(二)外语功用性与人文性的关系

语言作为一种交流工具,是承载人类文化的主要载体,是人类文明的集大成之体现。

外语具有双重价值:一方面来看,外语是人们理解外部世界、与外界交流的工具,具有一定的实用价值;另一方面来看,外语也是人们进行文化传承的一种方式与载体,具有一定的文化价值。学生能够在语言学习中获取各种异质文化的人文知识和内涵。语言映射文化背景,习得一种语言的过程同时也是了解、体会一种文化的过程。学生在此过程中受到影响与启发,逐渐实现心理积淀,提升人文修养。

教学结果的检测通常用考试和量化两种方式来完成,但其很难判断学生的人文素质。社会是一个融合政治、经济、文化等领域的复杂整体,外语的功能与社会的经济利益又紧密不可分割。在经济全球化的格局中,多种异质文化相互融合、碰撞,中国与其他国家的交流是多元的、全方位的,因此,外语作为一种文化符号在交流过程中扮演着重要的角色。外语本身就是一种文化,其蕴藏着深厚的国家历史与文化传统,倘若我们忽视了特定的文化背景与国情,孤立地看待语言问题,则会使语言失去完整性。

在经济全球化和多元文化并存的时代,我们需要应对来自不同文化背景、社会背景以及政治制度的人们。这就要求高校在外语教学中要注重对学生语言技能的培养,强调学习者跨文化意识、跨文化敏感性以及国际理解力的提升。进行外语学习的目的主要在于了解异域社会和文化,了解不同国家、种族之间不同的文化传统以及意识形态,从而拓宽自身的视野,在多元化的世界格局中立于不败之地。

因此,在外语教学过程中,高校应大力推动外语文学及文化课程的开设,注重人文意识导师法及人文性格分析法等教学方法的运用,逐渐培养学生的人文素质,使外语教学的功能价值与人文价值相统一。

(三)语言教学与文化教学的关系

当代高校的外语教学应考虑文化教学,主要原因有以下两种:

其一,运用外语与人交际不仅仅要具备良好的语言技能,同时也要对目的语的文化习惯与思维方式进行理解。

其二,现代教育的基本目标之一就是培养学生的跨文化理解能力。倘若学生在对目的语的文化背景一无所知的情况下学习语言,那么语言的学习则是为了学而学,学生并不能直接体会所学语言的深厚文化背景与文化内涵,学习过程中的一切努力只能是徒劳。每个民族的传统文化、生活方式、风俗习惯、宗教信仰,甚至是各种已经固定的思维方式,都需要语言来传承与发展。

一个民族语言背后蕴藏着深厚的民族文化,从某种意义上说,语言是文化的一种符号,二者密切相关。从语言与文化的关系来看,语言承载着文化,是文化的一个分支,语言的学习对应的就是文化的学习,民族语言与民族文化是相互对应的,如果我们只关注语言的学习,而忽略了其背后蕴含的文化,那么语言的学习也只能停留在表层。

了解文化的前提是具备良好的语言基础。只有具备扎实的语言基础才能进一步探究并理解语言背后所蕴含的深厚文化内涵。多数学生对语言和文化的理解是相对一致的，认同二者之间存在密切联系，同时也意识到文化学习的重要性。

从高校外语教学的整体现状来看，语言与文化的互补关系是不平衡的。在语言教学实践中，教师过分注重语言的工具性，而忽视了语言无法独立于文化而存在的事实，在教学设计、教学计划以及教学要求的规划中，人为地忽略了文化教学，并将语言与文化分割开来进行教学。长期以来，这种教学模式导致学生只注重语法、词汇和考试性练习，而段落理解能力与听说读写的实践能力普遍较弱。由此可以看出，将文化教学合理地融入外语教学中迫在眉睫。

1. 语言教学和文化教学相辅相成

在进行语言教学的同时，教师还必须进行相应的文化教学，这也表明了语言和文化的获得过程是协调同步的。在外语学习的过程中往往会存在一个"自我边界"，而学生只有不断超越这个"自我边界"才能消除文化碰撞所产生的障碍，这也是文化学习的目的所在。学习者应不断扩大"自我边界"，以获得全新的"自我认同"。

2. 语言教学和文化教学相互依存

了解一种文化的前提是了解其语言，而要了解语言就要了解它所依赖的文化。

语言教学与文化教学分离，会导致整个教学过程枯燥乏味，学生会逐渐对语言学习失去兴趣。在外语教学过程中，倘若没有文化知识的支撑，学生获取的只是语言基础，并没有掌握合理使用语言的技能，同时也没有达到提高跨文化交际能力的目的。从外语教学现行的培养机制来看，以语言教学为基础和前提的文化教学，可以提高学生的跨文化交际能力，推动语言教学，巩固语言基础，激发学生对语言知识的学习兴趣。

3. 语言教学和文化教学相互兼容

"语言与文化为一体"这一事实证明了语言教学与文化教学是相辅相成的。现代教育理论认为，外语教学需要将文化教学与语言教学进行有机结合，才能形成真正具有现代意义的教学。在教学实践中，语言与文化的紧密联系使我们不得不相信，无论采用哪一种语言教学方式，最终都将指向文化教学，而文化教学与语言教学的结合，能够使学生在教学过程中真正获得跨文化交际能力，从而实现外语教学的最高目标。

四、确立高校外语跨文化教学的原则

跨文化教学就是要培养学生识别和理解文化知识的能力，它可以分为处理语言信息的能力和调节语言活动的能力。跨文化教学应遵循以下原则。

（一）以学生为中心原则

高校外语跨文化教学是一种以学生为教学主体的教学活动。教师需根据学生的实际需要来开展课堂教学、编写教材、设计教学模式等。虽然在高校教学体系中，基础语言知识和技能的教学仍然是教学的主要组成部分，但教学过程应注重学习者自主性的培养，教师的教学任务是激发学生的学习兴趣，进而让学生进行自主学习。

在课堂教学实践中，学生作为课堂教学的主体，与教师共同探究文化知识，并从中建构自己的语言知识体系。每个学生的认知方式不同，知识经验的意义建构也就存在差异。在教学的过程中，教师也要加强文化的渗透，让学生学会包容其他文化形式。

教师在进行课堂教学设计与教学活动的安排时，要注意种种客观或主观因素可能对学生造成的影响。在此过程中，教师不仅要关注具体的外语语言知识的学习，还要对学习者的经验及对本地语言、文化的理解情况有一定的了解，除此之外，强调他们对目标文化和其他文化的良好态度的培养，提高他们的跨文化交际能力。

与传统的外语教学相比，跨文化外语教学的目标和内容无数次地扩展，这给当代外语教学者带来一个巨大的挑战。因此，教师在逐步提高自身综合素质的同时也要切实加强对学生自主学习能力的培养。

（二）多层面合作原则

有学者认为，人类的智能机制可分为：内省智能、社会智能、音乐智能、逻辑智能、语言智能、肢体语言智能、视觉空间智能以及自然发展智能八种类型。而这八种类型又被概括为三大种智能机制，分别为：个人智能、学习智能以及表情智能。

教师在教学过程中应注重对学生能力的培养，并根据学生具体的课堂表现，辅助学生合理运用智能机制，逐步优化智能机制的使用，以调整学习者的学习态度，确保学习的有效性。

由此可见，合作学习的原则对于充分优化学生的智力是很重要的，它涉及师生之间的问题和学生与学生之间的合作学习。在跨文化教学的过程中，学习者个体与其他群体进行的多元合作是保证外语教学有效性的必要条件。

（三）渐进性原则

在外语教学中，教师应密切关注各级文化内容之间的关系，注意系统性和序列的知识文化水平，对广泛的文化环境之间的相关性知识和社会规范有一个充分的了解。

外语教师应在对文化进行了解的同时，帮助学生全面、系统、有效地理解和掌握目的语文化知识。目的语文化知识有其自己的科学体系，因此教师在课堂教学的过程中应根据学生在不同阶段的认知特点和思维发展规律来进行文化学习内容的安排。

跨文化教学应是以学生为主体的教学过程，因而课堂教学的设置也应遵循学生的身心发展规律以及按照正常的逻辑顺序来进行，从简单到复杂，深入浅出地从形象思维向逻辑思维、辩证思维引导。

学生在语言学习的过程中通过机械记忆及理解记忆等记忆方式来进行新的语言知识的习得。教师在安排文化教学内容时，应从简单的和特定的文化活动开始，最后构建一个具有全面文化内涵的语言学习模式，从而反映出文化知识本身的系统性和清晰的逻辑结构。

（四）体验式与探索式相结合原则

讲座、讨论等教学方式的采用，提高了学习者的认知和理解能力，有助于其学习和掌握语言文化知识，更好地分析和理解不同文化之间的差异。但这种教学方式也存在弊端，其使学习者在很大程度上处于被动状态，学习者无法合理调整对异质文化的态度和行为。体验式和探索式教学法以学习者为中心，创设近乎真实的跨文化交际场景，从认知、情感和行为等各方面激发学生的学习兴趣，弥补了传统教学方法的不足。

教师应注重体验与探索的有机结合，使课堂教学活动多样化。语言和文化知识的教授首先应考虑到学习者的认知接受能力，要遵循学习者的学习规律。

（五）反思与比较原则

在学习背景中凸显民族文化是跨文化外语教学的一个显著特点，通过与其他异质文化进行比较来营造跨文化氛围。在此氛围之下，学生将自身的文化背景与个人经历相结合来探索、学习外国语言和文化，这样可以激发学习者的学习积极性，使学习者更牢固地记住所学的文化知识，对语言有更为透彻的理解。

跨文化交际同时也要求学生对母语文化与其他文化之间的差异和冲突有一个清楚的认知和了解，并能够采取相应的措施来规避和化解这种文化冲突。

学习者在学习外国文化的过程中，应建立并保持一种对民族文化的敏感度，能够明显区分知识文化和交际文化之间的差异。不同语言之间存在的差异不只存在于语言表面，同时还存在于更深层次的概念以及更广泛的领域当中，如性能差异、非语言差异、语言形式差异以及语言意义差异等。学生应不断反思和比较本民族文化与其他民族文化之间的异同，对本土文化了解到位，并包容其他文化。

人们对本土文化潜移默化地接受，因此对本民族文化的探索和反思少之又少，加深学习者对母语文化的认识和理解成为跨文化教学的主要任务之一。加强学习者对民族文化的反思，有助于削弱学习者的民族中心主义，使他们对本民族文化及其他民族文化有一个更加客观的认识，培养灵活开放的思维方式。

（六）因材施教原则

学生的世界观、价值观、文化背景以及思维方式等个人因素有着种种的差异，而这些个人因素也正作为文化学习的基础在跨文化语言教学中起着重要的作用。

换句话说，跨文化交际能力的培养需从学习者当前的文化背景出发，使其将自己的母语文化与目的文化进行比较，以此增强跨文化意识。

教师要充分尊重学生的文化背景、个人经历、价值观的差异，在教学过程中逐步了解学生的特点以及思维方式，选择和安排适合学生的教学模式，因材施教，不能忽视学习者的学习规律以及否定和批判学习者的思维方式。

第二节 跨文化意识的情感培养

研究表明，大多数学生对外国文化持以包容、开放的态度。对不确定性的容忍、共情以及暂停判断的能力是跨文化交际能力的主要表现。为了实现有效的跨文化交际，教师在跨文化教学中就应强调学生对外国文化的兴趣的培养，激发他们对外国文化的热情，使他们乐于了解外国文化，用包容和欣赏的态度对待外国文化。

在跨文化交际教学中，学生不仅要理解目的语文化和母语文化，而且还要学习如何表达这些文化，以便将文化知识内化，转换为自己的精神财富。中国文化与外国文化的兼容并包，会使学生对文化的理解更为深入与透彻，对文化的理解能力得到提升。

一、增强文化意识

在外语教学中，文化教学应注重增强学生的文化意识。在世界走向中国，中国也走向世界的今天，我们应该学习和吸收外国先进技术和文化的精髓，把优秀的文化和科技成果介绍给全世界。然而，现实与美好的愿望之间存在着很大的差距。

许多大学毕业生不了解外国的历史、文化和社会习俗，也不了解自己国家的传统文化和习俗，更别说用外语表达它们了。因此，为了让中国走向世界，我们应该学会用外语来表达中国传统文化中独特的现象和思想。教育部门和教师应注重引导学生在跨文化交际过程中正视中国文化的主体性，坚守一定的文化道德底线，以消除"中国文化失语症"的影响。

文化教学的目的是使学习者提高跨文化交际能力，通过跨文化对话习得外语知识和文化，实现本国文化和外国文化的交融。文化教学的目的不是要让学习者吸收目的语文化，也不是简单地对两种文化进行积累，而是使母语文化和第二文化相互作用，让学习者能充分而自如地进行文化交际。

将外国文化教学融入外语教学中，应遵循"双向文化知识"的原则。在既强调目的语文化又强调母语文化的教学环境中，中国文化与外国文化相互作用，加深了学生对中国文化的理解，也加深了学生对外国文化的了解，使学习者培养和提高跨文化交际能力。

（一）加强监督和引导

教育主管部门应与时俱进，时刻关注世界的发展方向，积极收集和掌握各种各样的跨文化交际活动的详细信息，根据实际情况及时采取措施，并吸引来自各部门的专家的关注和合作，推动高校的跨文化交际。

在外语教学的具体实施方法中，要在各种文件和大纲中记录用外语表达中国文化的重要性，在外语教学的不同层次中开展教学的监督和指导。各级部门要在外语教学中实现中国文化的教学，就需要各相关部门、各领域的专家学者和教学单位相互合作、相互沟通，有效地落实相关政策。

（二）提高文化素养和教学水平

根据调查，外语教师在对中国文化知识的了解上存在严重的不足，这对他们的教学实践产生了很大程度的影响。教师在进行外语教学之前要对中外文化有一个深入的了解，这样才能在教学过程中为学生建立一个良好的文化价值观，培养学生用目的语表达本土文化的能力，有效提高学生的跨文化交际能力。教师不仅要具备以上所述的特质，还要具备较高的文化修养和宏观意识，同时也要从微观角度来设计并探索具体的教学实践过程。

教师可以在具体的教学实践中比较两种不同的文化，并对二者进行分析，为学生举一些用外语表达中国文化的典型例句，以此平衡外国文化和本土文化的教学比例。同时，教师可以将一定数量的文化比较任务分配给学生小组，使其以合作学习的方式进行探索，使学生意识到自身的"文化缺陷"，相应地改善之前对文化差异的狭隘理解，掌握相关的知识结构和表达方法，最后产生文化的创造力。

（三）积极开展跨文化交际活动

学校和教师应鼓励学生积极参与各种跨文化交际活动。比如开设外教课堂和在课堂上创设具体的国外生活情境。外教课堂的设立有助于培养并提高学生的跨文化交际能力。创设生活情境可以很快将学生代入其中，激发学生参与教学活动的积极性，使其真实地体验跨文化交际活动，感受跨文化交际活动的深刻意义。

随着国际合作机会的增加，中国有机会举办各种国际比赛、国际会议等大型活动，而大型活动的频繁举办也为学生提供了难能可贵的作为志愿者与国外友人进行跨文化交际的机会。

学生具备扎实的语言文化基础与熟练的语言技能，积极参与到跨文化交际活动中，不仅可以了解中国文化知识，也可以有意识地培养对本民族文化的敏感度，并在此过程中主动加强用外语表达本土文化的能力，最终实现有效的跨文化传播。

二、发挥母语的正迁移作用

在汉语文化背景下成长的学生，在进行外语学习的过程中难免会出现汉语文化迁移的现象。因此，在高校外语教学中，不仅应强调技能的培养，还要注重学生对目的语文化知识和思维方式的学习。

文化迁移是指学生原有的知识结构对新知识学习所产生影响的现象，对新知识学习产生积极影响的称为正迁移，对新知识学习产生消极影响的则为负迁移。在行为心理学理论中，外语学习中的障碍是引起学习者产生母语习惯负迁移的主要原因。

文化迁移表现在跨文化交际与外语学习中，是指由文化差异所造成的文化干扰。在跨文化交际中，人们会不自觉地用自己的意识形态与文化准则来指导自己的行为、语言及思想，同时也将这一套评判标准套用在其他人的行动和思想上，以此评判他人。但是文化迁移主要表现为语言使用不当，导致人们在沟通的过程中产生误解，甚至冲突。因此，我们应将文化迁移重视起来，加强学习者的文化敏感性，逐渐消除文化迁移对跨文化交际带来的影响。

高校跨文化教学应尝试预测学习过程中可能出现的文化迁移，通过比较和分析不同的语言来减少文化负迁移对外语学习产生的影响，利用母语正迁移来推动中国文化的正迁移，以此提高高校学生的跨文化交际能力。

（一）重视中国文化与外来文化

一种语言的背后蕴藏的是一个民族的文化，了解并熟知语言的文化背景知识是掌握语言的关键之所在。在外语教学过程中，教师要特别强调中国文化元素与外语的重要性，增强学生的文化敏感性与适应性，运用汉语与外语之间的文化差异，建立正确的文化意识。

新时代教师不仅仅要向学生传授文化知识，依据学生的学习发展规律来设计和确定文化学习的内容，还要作为教学活动的引导者和主要组织者，发挥各方面的作用。

（二）重视文化教学

语言作为一种符号系统，会随着时空与社会需求的变化而形成不同的文化形态。在语言教学过程中，语言的文化功能可以从语音、词汇、语法和文本等具体层面来构建。学习者可以通过各种不同的方式来进行具体的语言实践，以此对外国文化有一个初步的了解。

此外，我们可以通过对语言结构与文化内涵二者之间异同的探索来逐步培养学生的跨文化意识和文化敏感性。

（三）培养文化意识

语言的语法、词汇、对话甚至认知模式等各个层次都蕴含着深厚的文化底蕴。教师在进行外语教学时，应注意每个教学阶段的阶段特征，系统性地比较和分析不同文化的异同，帮助学生有意识地、有目的地了解外语的思维方式和意识形态。

同时，教师可以结合影音视频进行教学，如观看外语电影等，让学生有身临其境的感觉，教师也应该指出音频中的文化习俗与其所象征的文化意义。文化背景知识的教学能够激发学生对语言文化知识的学习兴趣，使其对该语言的文化背景有一个更为深刻的理解，推动语言教学质量的提高。

除此之外，教师还可以鼓励学生课后选择性地看一些原创电影和视频，并开展一些课外活动，这有助于学生对外国文化习俗的理解，培养学生的跨文化意识。

三、加强对学生文化移情能力的培养

世界各民族文化的产生都有其历史渊源和原因，不同的文化特点共同构成了世界文化。

在跨文化教学中，外语教师应使学生了解世界文化的特点，辅助学生逐步建立起语言和文化平等的概念，培养学生的多元文化意识，提升学生的文化移情能力。通过对语言文化的学习，学生可以正确看待外国文化，消除对外来文化的偏见。

（一）树立平等意识

跨文化交际是指两种或两种以上文化相互交流的过程。有效的跨文化交际的产生建立在双方充分了解对方文化特点的基础上，双方要尊重对方的文化习惯，互相理解，以此促进交流的顺利进行。不同文化之间碰撞与交融不可避免地会产生文化冲突，因此，在跨文化交际中我们应该理解和尊重彼此的文化，以包容的态度对待文化差异，从而实现不同文化之间的交流。

不同文化之间的交流可以丰富彼此的文化，但这种交流是建立在平等的基础上的。

学生应该意识到不同文化之间因为文化差异而产生的碰撞和误解是正常的。任何文化都有其长期可持续发展的原因，没有一种文化优于其他文化。对于不同的事物，要正确对待它们之间的差异，达到和谐统一，从而促进它们的发展。

为了满足多元文化时代的多元需求，我们必须打破母语文化和目的语文化之间的界限，以宽容、尊重的态度理解文化差异，积极寻找文化之间的共性，建立语言和文化平等的概念。

外语学习是进行跨文化交际的前提，跨文化交际主要有以下两个目的：第一，能够与外语使用者无障碍沟通，了解并学习他们的语言和文化精髓；第二，能够运用外语准确表达本民族文化的特征，促进本土文化的向外传播，从而减少或规避跨文化交际中的文化误解和冲突。

每种文化都有其各自的特点,随着世界经济一体化格局的形成,各种文化都应在跨文化交际的过程中相互学习,丰富自己。在跨文化教学中,学生应重视对外国文化的研究,同时认同本土文化的特征与优势。我们应在互相尊重彼此文化的前提下进行跨文化交际,在平等的基础上进行交流。

在实际的跨文化交际情境中,我们要通过对文化参照系的不断调整来与对方进行谈判,在对话中积极构建动态的交际语境,以实现共同期望的跨文化交际目标。尤其是在跨文化教学中,教师不能将学生的语言学习固定在一种目标语言上,而应让学生接触各种不同的语言文化,来丰富其语言知识,培养其多元文化交际意识和能力,以实现外语教学的目标。

(二)培养学生的文化移情能力

1. 文化移情

文化共情是跨文化交际中的一项交际能力,是语言、文化与情感的共同纽带。文化共情能力的强弱对跨文化交际的成功与否有着直接影响。而文化移情这一概念,主要是指在跨文化交际过程中,传播者有意识地站在对方的角度思考,有意识地打破自己惯有的思维方式,从相对立的文化角度来审视和分析问题,以此获得对另一种文化的真实感受和深刻理解。

文化移情在跨文化交际中主要表现在两个方面:一种是语言语用共情,即发言者有意识地用某种语言向听者传达自己的想法,能够使听者准确理解和捕获发言者所发表言论的中心意思;另一种是社会语用共情,即交际者在跨文化交际过程中自觉地站在对方文化的角度来进行交流,在尊重对方文化以及接受文化差异的基础上进行有效的跨文化交际。具备良好的文化移情能力是一个与时俱进的学习者应该具备的开放的文化价值观。

文化差异决定了不同文化之间具有不同的文化取向、宗教信仰、伦理规范、生活方式以及思维方式。因此,在跨文化交际过程中,文化冲突会不可避免地发生,交际者应加强对自身文化移情能力的培养,逐渐摆脱在母语文化环境中形成的刻板思维,尽量规避文化冲突的发生。

2. 文化移情的必要性

大多数学生能够意识到文化移情在跨文化交际中的重要性,但在母语文化环境中形成的刻板思维使他们不能客观地站在对方文化的角度上看待问题,做到尊重对方的文化习俗,接受彼此的文化差异,实现换位思考,这在一定程度上表明了学生不具备文化移情能力,缺乏文化移情意识。

民族文化是世界上的各个民族在相对独立的环境中积淀并发展的具有自己特色的文化。各民族文化都具有各自鲜明的民族特色，并牢牢植根于自己的土地。地理因素的不同决定了各个民族都具有不同形态的政治经济制度、文化传统以及风俗习惯。交际者从小受到母语文化环境的熏陶，逐渐形成了固定的语言习惯和交际方式。因此，交际者在进行跨文化交际时，倘若没有文化移情的意识和能力，就会不自觉地将自己固定的语言习惯用于外语交际中，最终可能会导致因文化差异而产生的文化冲突。

3. 文化移情能力的培养

文化移情能力的提高主要在于文化敏感性和包容性的培养。

主体在尊重交际对象的文化背景的同时应将其视为在文化价值观、宗教信仰、行为方式等意识形态方面有诸多不同的客体。在进行跨文化交际之前，交际主体要深入了解对方的文化背景和语言规则，以避免文化冲突的发生，提高跨文化交际中的文化敏感性和包容性。跨文化交际中的问题首先是由于认知上的差异造成的，一般来说，信仰、价值观、态度、世界观和社会组织这五种社会文化元素对感知有直接而显著的影响。

在跨文化交际中实现文化移情有六个步骤：

（1）承认差异

世界是多元的，每个人的经历不同，所以人与人之间的文化差异很大。

（2）认识自己

客观评估自己的优势和劣势。

（3）悬置自我

跳出刻板的思维方式。

（4）相互体验

设身处地为他人着想，真正体验和理解另一种文化。

（5）换位思考

我们应该与时俱进，拥有开放的文化价值观。

（6）重建自己

在外语教学中，要注意培养学习者的文化移情能力。在正确的理论的指导下，外语教师应积极鼓励学生进行课外实践活动，令学生置身于外语的文化氛围之中，以此加强学生对外语知识的运用能力，如看外语原版电影、学唱外语歌、举办外语演讲比赛等。这些实践活动可以增强学生的文化移情意识，提高学生的文化移情能力，使学生适应经济全球化形势下多元文化交际的需要。

四、树立跨文化交际意识

文化认同是人在自然认知基础上的提升,是对文化内涵的认同和共识,对人的行为准则和价值取向有着决定性的影响。文化认同也因此成为指导跨文化交际活动的语用原则。

在母语文化环境中成长的我们,在潜意识中接受汉语文化的熏陶,而由于缺乏文化自觉,我们很少对本民族文化进行反思。即便偶尔产生相似的想法,通常也会被复杂的文化现象所迷惑,以致文化反思的发展停滞不前。文化教学是以加深学生对本民族文化的理解,避免学生产生民族中心主义为最终目的,并在此过程中帮助学生客观地理解自身文化的行为准则和价值取向,逐步培养学生灵活开放的思维方式的一种教学方式。大多数学生在外语学习的过程中,已经能够造出符合语法规则的句子,但在表达上仍有一定的疏漏,这是因为他们在造句时受到汉语语法的影响,忽略了外语语言中的文化因素,这主要是由于未能达到文化认同导致的。

人们在对自己文化及其所依附的文化群体具有归属感的基础上获得了个体文化,这种文化能够被不断丰富和保存。文化认同包括对社会价值规范、宗教信仰、习俗、语言、艺术等方面的认同。一方面,不同的民族不断地拓展和创新自己的文化;另一方面,人们也在与其他文化背景的人进行交流和互动。在此过程中,人们不断地对本土文化与外国文化之间的差异进行分析和比较,并对其有了深刻的理解。

日益增多的国际合作使国家和民族之间的关系更加密切。在跨文化交际中,人类要在异质文化中建立文化认同,以此避免文化差异所导致的文化碰撞与冲突。跨文化交际的双方要以寻求共同话语为前提,暂时摒弃固有的思维模式和行为准则,以达到求同存异的目的。同时,要加强自身的文化意识,树立跨文化交际意识,增强对民族文化的认同感,确保自身文化的生存和发展。大多数学生能够理解不同文化之间的差异,愿意在两者之间寻求共同点,增强文化意识。

培养文化意识需要经历一个艰难的过程,首先要了解自己的文化,然后才能在多元文化世界中找到自己的定位,有意识地适应多元文化的存在,不断与各民族文化进行碰撞和交流,实现文化交流的长期、和谐发展。

外语教学中,教师应该有意识地比较中国和目的语国家的文化,让学生充分了解中国的优秀文化,激发学生的民族自豪感和指导学生用外语表达中国文化,促进中国传统文化的传播。与此同时,外语教学为学生提供了一个更为广阔的世界,令他们看到了文化的丰富性与多样性。

以跨文化意识为导向的外语教学

第三节 跨文化意识的行为培养

跨文化交际能力主要指在跨文化情境中解决问题、建立关系以及完成交际任务的能力。人们要实现有效的跨文化交际就要具备良好的文化适应能力和人际交往能力。

一、编写特色跨文化教材

教材是教学内容的主要载体，是教师教学和学生学习的主要依据，在教学过程中起着完成教学任务、培养学生跨文化交际能力的关键作用。现有教材中存在文化内容缺失等问题，严重阻碍了学生跨文化知识的学习和交际能力的提高。

学生对目的语国家的文化历史、宗教信仰、价值观念以及生活方式等知识都不甚了解，并且对教材中每个单元主题所陈述的内容接受度偏低，这表明学生在外语学习过程中还未脱离母语文化的影响，这与教材的编排及内容的选择直接相关。因此，解决这一问题需要从教材的编排与教学内容的选择来入手。

在选择教材的过程中，不仅要考虑学生跨文化交际能力的培养与加强等问题，还要注意课后各种形式的练习，以便学生能够在课后更好地吸收课堂教学内容，提高学生在复杂的跨文化语境中进行交际所需要的各种技能。只有在外语教学中创设真实的跨文化交际情境，才能够有效提高学生的跨文化交际能力，使其在不断练习中积累文化知识和经验，在量变中成长，最后完成质变，将这些积累的文化知识与经验转化为实际的跨文化交际能力。

（一）文化内容与语言内容结合

跨文化教材的编排应以文化主题为依据，每一部分都要强调语言和文化。语言和文化在外语教学中发挥着重要的作用。

在教材的编排过程中应首先考虑学生的学习规律、知识经验以及现阶段的语言水平，特别是不同国家的风俗习惯、宗教信仰、价值观念等。教材的内容应充分整合不同国家不同的文化元素，对不同国家不同的文化背景进行比较与分析，使学生正确应对文化差异带来的文化冲突。

教材以培养学生的批判性思维能力为目标，要求学生在外语学习过程中以批判性思维来评判与审视目的语国家的文化与事物，并通过真实语境的创设来体验不同国家的语言与文化差异，促进学生在跨文化语境中有效交流。

在选择教材时，应注意以下两个方面：

首先，要对目的语国家的历史、社会形势、民族构成、政治经济发展以及教育的基本特点进行详细介绍与分析，让学习者对目的语国家的文化有一个初步的了解。

其次，为了加强目的语文化与本土文化的对比，我们应该选择本土文化中独特的方面培养学生对文化差异的敏感性。

（二）内容多样化

文化的复杂性、动态性和多层次性决定了文化教学内容的安排也要具有多样性，以文化为主题的教材应具有进步性、可操作性和灵活性，既注重人文关怀，又符合人文素质培养的实际需要。

教材的内容要注意跟上时代的步伐，内容的呈现应遵循由浅入深、由内至外、由具体到抽象的深入浅出的规律。教材内容应具有明显的阶段性与范围逐渐扩大、程度不断加深的特征，以此为基础，教材整体还要体现出系统性、层次性、一致性和时效性等特点。

（三）遵循真实性和语境化原则

在外语教学实践中，只有涵盖真实内容的语言教材才能激发学习者对目的语国家的文化知识、价值观念等的兴趣，并能够引发他们在心理、认知、态度以及行为上对所学内容和过程的真实反应，让其体会跨文化交际的真实过程。因此，跨文化外语教材的编排必须遵循真实性和语境化原则。

教材的真实性主要是指教材在现实生活中的可利用程度。诸多相关领域的学者认为，语言与文化是紧密不可分割的，语言的产生与发展都离不开特定的文化语境，只有考虑到真实语境，语言表达才能充分和准确。

跨文化教材的内容中应着重体现视角的多样性与文化的多元性，注意将跨文化动态人际关系的构建和跨文化交际的知识与实践相结合，强调问题提出的多样性与回答的灵活性。在文化差异等因素的影响下，跨文化交际应体现出怎样的形态，这些都是教材设计中应考虑的问题。

在跨文化交际实践中，教师通过设计与跨文化意识相关的活动来培养学生的跨文化交际能力，使学生可以运用大量的、丰富的文化知识与语言知识，同时结合具体的文化案例来模拟文化适应的过程。

总的来说，在编排教材内容时，要选用新颖、自然、流畅的文章，话题要与主题紧密贴合，内容涉及领域广泛，创设的语境要在目的语运用的语境当中，文章所包含的信息要通过一个具有文化意义的系统来传递。优秀的教材可以帮助学习者对其他国家的文化有进一步的了解，并在此过程中打破文化单边主义的局限，帮助学生理解语言和行为以及存在于不同价值体系之间的行为规范，使学生能够在书本知识当中探寻并尝试理解本民族文化与其他民族文化之间的异同。

学习者可以开放包容的态度对待不同的文化，从不同的角度思考和评价不同民族的文化价值观、风俗习惯、行为方式和思维方式。通过案例研究和模拟训练，学生在课堂所创设的语境中体验真实的跨文化交际，从而为实际的跨文化交际提供相应的解决方案与实践经验。

（四）培养学生的自主学习能力

教育学者认为在外语跨文化教学中应实施"以学习者为中心，以学习者为主导的教学模式"。这在一定程度上说明了跨文化教材内容的重要性，因此，要提高跨文化教学的质量，就要从教材内容的选择与编排入手。教材内容的选择要以文化趣味取胜，并具有一定的针对性，这样不仅能够激发学生的语言学习兴趣，还能明确学生的学习目标，使学生对文化知识的理解更加清晰、透彻。对于课后习题的设置，要组织学生各自分组对单元话题进行讨论分析，给予学生充分的思考空间，促进师生间的互动，鼓励学生积极参与到教学活动中来，促进学生对教学内容的探索与延展。

在教学实践的过程中，真实情境的创设可为学生提供一个亲身体验和感受跨文化交流的机会，使学生在这个过程中分析、讨论和总结，培养自主学习能力和文化意识。教师应围绕单元主题为学生安排课后的独立训练，要求学生对课堂知识进行补充和总结，通过多媒体等手段扩大学生的知识面，加强学生对不同文化知识的认识和理解。

此外，跨文化交际课堂中不只有创设情境这一种教学方法，常用的还有比较、注释、整合以及特殊解释等。课后我们还可以利用讲座、文化团体演出、模拟游戏等其他形式来帮助学生巩固文化知识。因此，教材内容要根据不同的教学方法来进行选择，丰富语言教学的形式。

1. 自主学习

自主学习已经成为学者们普遍关注的热点，其不仅是一种对自己的学习做出决定的态度，还是一种反思学习过程的能力。自主学习，顾名思义主要指学生自主做出选择和对自己的学习负责，是激发学生进行学习的主要动机。自主学习同时也代表着学生具有自主选择的能力，而他们所掌握的知识和技能决定了他们独立学习的能力。

一般来说，在外语的自主学习中，我们要注意以下三个方面：
（1）态度
学习者应该以积极的态度对待自己的学习，主动完成自己的学习任务。
（2）能力
学习者要有自主学习的能力，合理运用学习策略，以保证自己能够独立完成学习任务。
（3）环境
外语教学过程中的环境因素是影响学生综合语言能力发展的主要因素。环境在各个方面或自然或刻意地影响着学生的外语学习，教师应将自身作为教学过程中的媒介，通过教学活动的设置与安排，充分发挥教学环境的渲染性作用，鼓励学生积极进行自主学习。

2. 自主学习能力的培养

学生首先应明确自身在教学过程中的主导地位，教师只是起到辅助和引导的作用。教师在教学过程中引导学生通过大量的实践来逐渐掌握跨文化交际技能。在对目的语的文化知识进行探索与研究时，学生应加深对语言规则的理解和认知，并在此基础上培养自身的创新意识和交流能力，打破原来所建构的知识体系，克服困难，建立一个创新的、有效的外语学习系统。

自主学习要求学习者根据自己的实际情况，科学地确定自己的学习目标、制订学习计划、评估学习结果，这反映了学习者对自己学习的主动性和责任感。

为了提高学生的自主学习能力，我们可以从开设第二课堂和创造一个生动的跨文化环境开始。学生对跨文化交际的教学活动仍然很感兴趣。因此，教师应集思广益，尽量挖掘不受时间和空间限制的各种学习资源，创造形式多样、内容丰富的第二课堂，培养学生的自主学习能力。

课外教学有许多灵活的形式：

第一，增加课外文学阅读，体验语言与文化的完美结合。

广泛阅读外国文学作品是获取外国文化知识的重要学习方法，文学作品中蕴含着丰富的民族文化内容。文学作品中优美的语言形式与丰富的文化内容的完美结合是学生学习外语和文化的有效途径。

教师可以向学生推荐优秀的外国文学书目，学生也可以在线阅读或线下借阅。教师可以通过文学鉴赏讲座、外国文学知识竞赛、外国文学沙龙等形式促进学生的课外阅读，测试学生自主学习的有效性，从而提高学生的跨文化交际能力。

第二，观看外语影视作品，体验异国风情。

影视作品在跨文化教学中可以起到积极的作用。但课堂教学时间毕竟是有限的，教师可以将影视作品的教学功能延伸到课外。

在第二课堂中，充分利用网络和多媒体资源，让学生观看外语影视作品，是学生了解外国文化的重要途径。这些影视作品能够真实地记录和反映一个国家的历史、地理、风土人情、自然环境等文化信息，学生可以通过视听感官和心理感应来感受和体验外国文化。

第三，扮演角色和模仿场景，模拟交际。

角色扮演、场景模仿、外国影视剧配音是使学生融入交际情境中的方法，学生通过亲身体验，可以提高跨文化交际能力。在教学活动的开展过程中，学生是活动的主体，教师是活动的引导者。教师的主要任务是为学生提供适当的具体情境，引导学生运用跨文化交际的知识和技能完成任务。为了使所选场景具有代表性，尽可能接近真实的跨文化交际情境，教师可以邀请外国学生和外教参与其中，或者利用互联网构建虚拟的跨文化交流空间。

第四，设立"空中外语讲堂"，使跨文化教学打破时间和空间的限制。

所谓的"空中外语讲堂"，就是外语文化知识的课外学习。学生可以通过调频广播在校外收听外语。这种学习可以不受时间和空间的限制，学习的内容可以无限扩展，十分便捷。

第五，举办各种外语活动，调动学生学习的积极性。

组织各种外语活动不仅可以激发学生的学习热情，而且还能让他们尽快运用所学的知识，这有利于帮助学生更好更快地学习语言。

第六，利用网络数据，提高学生的学习能力。

学生可以通过互联网下载、搜索或浏览，通过便捷的音像资料来学习外语材料。这种方式不仅可以提高学生的听说能力，丰富他们的文化知识和文化技能，也可以培养学生的基本语言技能，培养学生的思考能力和表达能力，从而提高他们的跨文化交际能力。

二、运用跨文化教学策略

世界各国文化的多样性和跨文化交际的迅速发展，对跨文化教学提出了新的挑战和更高的要求。

语言与一种不同于自身文化的文化产生了联系，并相互作用，创造了一种新的交流方式。语言与本土文化的结合，为在外语教学中开展跨文化培训提供了条件和机会，使其成为可能和必然。

跨文化交际能力的培养已成为新世纪跨文化教学的主要目标，因此，加强跨文化教学策略的研究，培养学生的跨文化交际能力已成为当务之急。

（一）增强教师的跨文化意识

随着经济全球化和文化多元化的快速发展，语言的使用越来越脱离语言发展的原始社会文化环境。在非母语语言环境中使用语言，必须经历重新语境化的过程。

在高校的外语教学中，首先要让外语教师充分意识到跨文化教学的重要性，只有教师自己意识到了跨文化教学的重要性，才会影响学生。作为教师，要强化自身的文化意识，加强对本土文化的学习，结合外语文化，形成良好的跨文化意识。

1. 跨文化训练的意义

（1）个人思想的转变

在认知方面，跨文化训练试图改变参与者的思维。

①能够从目的语国家的角度理解他们的思想和行为；

②减少对目的语国家的负面刻板印象；

③改变对其他文化过于刻板的思维方式，发展一个更完整、更复杂的文化系统，从而对其他文化有更深层次的了解。

（2）个人感情的反应

在情感方面，跨文化训练试图培养参与者与目的语国家的人互动时的积极感受。

①培养一种与不同文化的人愉快互动的心态；

②要能够容忍、欣赏甚至接受文化差异；

③能消除与不同文化背景的人交往时的焦虑；

④培养与不同文化背景的人建立工作关系的能力。

（3）个人行为的改变

在行为方面，跨文化训练试图改变参与者的行为，使其有足够的能力建立人际关系，提高工作效率，并在日常生活中与来自不同文化背景的人进行互动。

①能够在跨文化团队中与团队成员建立良好的人际关系；

②能够协助他人与不同文化背景的人建立良好的关系；

③让目的语国家的人感受到自己沟通无碍的能力。

不同领域的人会根据自己的不同需求，确定不同的、更具体的培训目标和方法，以满足跨文化培训和实际跨文化交际的需要。跨文化外语教学以语言、文化和交际为基础，其核心是文化教学和跨文化交际能力培养。跨文化外语教学的有效实施，要求外语教师具备深厚的语言技能、较强的交际能力、丰富的教学经验，并能了解学生的认知心理、情感特点和学习规律。

2.跨文化训练的目的

（1）帮助教师拓展文化知识，增加文化知识储备

跨文化训练促进教师理解文化、跨文化交际、跨文化交际意识和跨文化交际能力等重要概念的深刻含义；加深教师对语言、文化与交际的密切关系的认识；使教师正确对待不同文化的差异，进一步明确外语作为国际中介语言和国际共同语言的重要作用。

（2）帮助教师增强跨文化敏感性和跨文化交际意识

跨文化训练使教师认识到文化在社会生活中的重要作用及其对跨文化交际的影响；充分发挥外语教学中的文化教学的功能，使学生积极了解不同文化，积极与来自不同文化背景的人交流；使教师善于发现不同文化之间的差异，并能够正确地与来自不同文化背景的人交流，使文化之间的差异被宽容、理解和欣赏；使教师学会反思自己的言行和积累跨文化交流活动的经验，并增强自己的跨文化敏感性。

（3）帮助教师不断地优化自己的文化行为

教师应灵活多变地使用适当和可行的传播策略，根据不同的文化特点，调整自己的沟通方法来理解新的文化团体，与来自不同文化背景的人建立友好关系，提高跨文化交际能力。

（4）帮助和指导教师设计文化教学大纲和计划

跨文化训练帮助教师选择和合理使用教材，适当地选择和补充课外材料，采用有效的文化教学方法，合理地安排文化学习任务，确定文化学习的评估方案。

3.跨文化交际训练的方法

跨文化环境是多样的，跨文化交际的目的因人而异，跨文化适应的过程也各不相同。面对复杂的训练需求，训练的方法和类型必然不同。

（1）文化实训

这是一种比较传统的训练方式，主要通过重点实例讲解、讲座、阅读、问答和讨论等形式向学生传授目的语的文化知识。

（2）归因训练

这个训练的目的是使学生了解和掌握目标文化的价值标准，然后解释社会

行为，帮助其更快更好地融入目标文化。

（3）文化意识训练

这种训练介绍文化差异的概念、特点和本质，旨在增强学生的文化意识，树立文化相对性的观念。通常，训练是参考了文化人类学的研究成果，以目标文化和学生的本土文化为例进行的。

（4）认知行为调整

运用学习理论解决跨文化交际中的一些特殊问题，辅助学生分析同一活动在目标文化中的不同反应。

（5）体验式学习

这是关于特定文化的训练，不同于文化意识的训练。其目的是调动学生的情绪、行为、认知等因素，采用实地调查、现场实践、角色游戏、文化沉浸等经验学习方法，让学生从真实感受中学习。

（6）互动学习

通过学生与目标文化群体的人或具有跨文化交际经验的人进行交流，开展互动活动，帮助学生更多地了解目标文化。

外语教师跨文化交际能力和跨文化教学能力的培养涉及文化意识、文化知识、文化能力和文化教学等多方面的知识。这不仅需要培训教师准备、组织培训内容和复杂的培训过程，还需要受训者积极配合。

跨文化训练是一个长期的过程，教师在一次训练中不可能获得所需要的全部知识和能力。因此，训练的重点应该放在使教师能够实现自我提升的方法上，这样教师才能主动地提高自己，在教学实践中勇于研究和创新。

4. 跨文化教学方法的培训

近年来，反思性教学和课堂教学研究受到了教学研究者和教师的高度重视，并越来越多地应用于教师培训和教师自我发展。

（1）课堂教学研究

课堂教学研究是一种系统的数据收集和分析活动，其目的是改进教学的某一领域。在课堂教学研究活动中，教师可以使用现有的教学理论知识，总结自己的教学经验，解决教学中遇到的问题，提高教学水平和教学效果。

（2）教学反思

反思是促进学习的一种方式，反思性教学从本质上来说，就是教师对自身教学的理性思考。教师需要在教学实践中不断反思，以提高自己的专业水平。教学反思的目的是发现教学中存在的问题和不足，为以后的教学提供经验和启示。反思活动可以是反思者自己或他人有意识地发起的，也可以是一些客观条件刺激的结果，如教学中遇到的一些困难。

①通过反思，教师可以进行自我批评以及理解文化教学和语言教学。

对于跨文化教学这种相对较新的教学理念来说，态度和理解决定一切。只有对文化教学的价值有足够的认识，对文化教学充满热情，才能保证文化教学的具体实施。

②通过反思，教师可以了解自己作为文化学习者的优势和不足。

语言能力和文化能力的培养是一个终身学习的过程。在跨文化教学中，设计教学活动、准备教材、引导学生学习的过程，实际上是教师自身知识和能力不断发展和提高的过程。

③通过反思，教师可以提高自己的教学能力，不断增强教学效果。

独立思考可以使教师反思和总结自己的教学经验，发现问题，研究问题，然后找到解决问题的办法；教师还可以参加各种学术交流和教学研讨会，与其他教师讨论解决问题的方法，分享自己的教学经验。

因此，反思不仅是一种独立的、个体的理性思维活动，也是一种集体行为。无论以何种形式进行反思活动，都能反映出教师对教学理念、教学态度和教学方法的深入思考，并将积极促进教师教学水平的提高。

反思性教学研究可以由个人完成，也可以由个人与其他教师合作完成。

课堂教学与反思性教学的有机结合，可以极大地提高教师的独立工作能力。教师一旦形成反思自己教学行为的意识，就会激发探究教学问题的欲望。

在教学方法的培训中，培训者和教师都需要注意：由于每一位教师处在不同的教学环境中，面对不同的教学对象，从事不同的教学活动，因此每位教师只有利用自己的教学需要，根据别人的研究理论和实践经验，设计出适合自己的教学计划和教学方法，才能增强教学效果。

因此，提高教师自主研究的能力具有重要意义。教师具备各种知识、能力和态度时，也要反思自己的教学，不断学习，积累知识和经验，提高自己的能力，应对跨文化教学的巨大挑战。

（二）语言与文化有机融合

课堂是跨文化教学的重要阵地，课堂实施是完成教学内容、实现教学目标的决定性环节，将语言和文化有机地结合起来，更有助于跨文化教学在高校的进行。

1. 加强段落与语法的文化分析

段落一般指比句子大的语言单位，如文章、会话、访谈等，它是特定语境和社会文化下语言使用的产物。话语的形式和风格反映了意义交际的社会文化语境。话语与文化有着密切的关系。不同文化的人使用和产生不同的话语，不同的话语会建构不同的个人经历和社会现实。

不同民族修辞策略的差异与他们各自的文化价值观密切相关，只有从文化的角度分析不同语言的修辞模式，才能厘清话语与思维模式之间的关系。

在段落教学实践中，我们应尽量将文化教学融入段落教学中，即把文化教学作为教学目的和教学内容的一个组成部分，突出文化教学的重要性。在教学实践中，我们可以得出学习者注意文本的具体内容并设计阅读任务，以及讨论与学习相关的文化，从而达到段落分析的目的。

除了段落，语法结构也与思维方式等文化内容密切相关。语法与人们的思维方式密切相关，包含着丰富的文化内容，是人们表达内心情感的手段。

不同民族的哲学思想形成了自己不同的思维方式，不同的思维方式又形成了自己独特的语法形式，语法形式又形成了自己独特的语言表达方式。各民族的思维方式、语法形式和语言表达方式普遍蕴含着丰富的民族文化。也就是说，一个民族的语法体系和语法使用规则往往受到其所属语言群体的思维和文化特征的影响，并具有一定的文化因素。

因此，不同语言群体的造词规则是不一样的。如西方思维方式倾向于由外而内的演绎思维，具有很强的逻辑能力和积极思维能力。这种思维方式在句法上具有明显的词汇特征，便于维护句子要素之间的逻辑关系。与西方人不同，中国人倾向于由内而外的归纳思维，注重对思想的整体把握和理解。这种思维方式在句法上没有明显的词汇特征，其逻辑关系的维持依赖于对意义的理解。外语语法教学也不同于汉语语法教学，汉语语法教学更加注重时态、词序和句子结构。

在教学中，教师可以区分不同语言的时态，比较词序、句子结构的异同，找出不同语言的文化根源，实现语法教学与文化教学的结合。

2. 加强词汇的文化教学

词汇是文化的重要载体，是外语教学的主要内容之一，它标志着一个民族的语言、文化、风俗习惯乃至整个社会的发展，充分反映了该语言群体的思维方式、价值观、文化环境、文明程度和生活习惯。在外语学习中，学生非常重视词汇的学习。因此，跨文化外语教学应充分利用学生对词汇学习的兴趣，使词汇及其文化意义的教学成为跨文化教学中的重要组成部分。

词汇与文化的关系也体现在词汇本身丰富的文化意义上。因此，词汇的具体意义只能通过对不同语言的比较来寻找。词汇文化差异的三种情况一般分为：相同的形式，不同的意义；不同的形式，相同的意义；相同的形式，不同的分布。这种分类模式对词汇教学具有重要意义。它不仅可以帮助学生记住单词的拼写和意义，还可以帮助学生了解单词的范围和文化内涵，并充分理解和掌握这些单词。此外，词汇学习的内容标准一般可以有以下几种：

①掌握单词与其他单词的关系。
②了解时间、社会、地理、功能和语境对词汇使用的限制作用。
③了解词语的语义价值（指示意义和隐含意义）。
④了解一词多义。

每个语言系统中的词汇都承载着大量的文化信息，丰富而多样，而这些词汇都蕴含着深刻的文化内涵，这是任何词典或书籍都无法穷尽的。不仅如此，不同语言的词汇也反映了说话者的不同价值观。正是由于每个语言系统的词汇和词汇的使用都与其民族文化密切相关，所以语言中的词汇也具有浓厚的文化背景。

因此，在词汇教学中，教师不仅要注重词汇的意义和用法，还要拓展词汇的文化意义，如词汇的来源、使用的语境、使用注意事项等。将词汇的文化渊源、历史因素和社会内涵融入词汇教学中，是加强词汇的文化教学的重要途径。

3. 加强听说教学过程中的文化教学

在编写听说教材时，不仅要考虑学习者的语言能力和学习需要，更要注意相关文化内容编排的一致性和系统性。在安排教材和教学内容时，要注意将文化教学的需要与语言教学的需要有机地结合起来，使学习者能够系统地学习语言知识，扩展其他文化知识，提高文化交际能力。

听说教学是语言教学的一个重要组成部分，也是学生最感兴趣的一部分，因为听说活动可以使学生参与其中，并有机会感受到跨文化交际的过程，以便学生能理解不同文化的差异，提高自己的交际能力。但是要注意的是，听说要以实际内容为依据，也就是说，仔细挑选和合理安排听说内容是非常重要的。

在文化教学中，教师必须保证听说内容的真实性和实用性，即听说的主题来自现实生活，听说的材料具有一定的意义，并能反映自身文化和目的语文化的不同方面。教师在课堂内外应注意培养学生的语言交际能力，并使用组合的语句、图片和音频来提高学习者的感受能力。

4. 加强写作教学中的文化教学

写作不仅反映了作者的个人经历和生活经历,而且体现作者的思想和价值观,也就是说,文章可以反映作者所处的文化环境。因此,它常常被认为是讨论和学习习俗、价值观等文化内容的理想基石。

在外语学习中,写作教学与文化教学是密切相关的。虽然不同的写作风格导致不同的写作内容和要求,但文化教学和写作教学仍然可以在外语学习的各个阶段有机地结合起来。

教师可以引导学生去思考,发现思维模式的异同,并指导学生找到表达方式的差异,从而进一步探索不同语言的深层文化根源。与背景知识的介绍类似,文化教学主要是在教师讲课的基础上,增加学生的知识积累,提高其跨文化意识,以便学生能理解不同文化的思维方式,形成跨文化思维,实现跨文化交际。

5. 加强跨文化交际技能的训练

案例研究是对实际的跨文化交际活动进行讨论和分析,在知识积累的基础上运用知识,掌握交际技巧。在课堂上,跨文化教学的案例分析应遵循两个原则:注重案例选择的相关性和针对性,即案例内容与文本主题要紧密相关,课堂教学要形成系统的知识体系;案例分析要循序渐进,即教师先提出问题,学生带着问题阅读案例,阅读后进行分析,再分组讨论,得出结论,最后由教师进行总结。

在课堂教学中,案例研究可以帮助学生有效地获得跨文化交际的真实体验,为跨文化问题的实际解决提供方法指导和实践经验。案例可以非常广泛,既包括跨文化语境下的各种日常交际活动,也包括国外跨文化交际的成功经验或失败教训。案例的完成要求师生在不同文化之间不断变换角色,学生能够转变立场,从不同的文化角度思考和表达自己的观点。

案例研究注重学生的讨论分析和教师的指导,强调交际能力的培养,这是将语言文化知识转化为跨文化教学所倡导的跨文化交际能力的有效途径。

第五章　以跨文化意识为导向的外语教学模式构建

当代高校外语教学课程正在提倡感知、体验、参与、合作、探索、互动等教学模式或方法的有机结合。其目的在于使学生能够通过学习来掌握外语教学理论，并了解外语教学理论的最新成果和应用，以便为他们的专业发展奠定坚实的基础。本章在现代外语教学的理论基础上，结合我国外语教学的实际情况，对探究式外语教学、任务型外语教学、体验式外语教学、参与式外语教学以及情境式外语教学等这些已经具备中国教学特征的教学方式进行论述与分析。

第一节　探究式外语教学

遥远的古希腊时期，苏格拉底、柏拉图和亚里士多德的探究式的教育思想就已经逐渐形成。苏格拉底通过一问一答的方式，让被提问者可以有更多的机会进行独立思考，这种做法可以让被提问者长期处于一种思考状态。

在欧洲文艺复兴之后，很多教育教学相关人士都认为：知识是对基础知识的一个认识，同时探索的因果性是具备一定功能的。探究式教学系统最早开始于20世纪的欧洲，并在20世纪中期在欧洲得到飞速的发展。

一、背景与现状

探究式教学一直是教育工作者关注的焦点，它已经成为所有学科的共同话题。然而，即使在一向倡导研究性学习的美国，探究式教学所面对的挑战依然巨大，传统教学向探究式教学的转变依旧进行得不是很顺利。

先辈们为给我们的探索提供了方便，已经给了我们很多启示，这些启示对我们来说有着十分重要的意义。

（一）古代的探究

在西方，苏格拉底要求学习者在不断的提问和讨论的过程中，来构建自己的观点和特有的知识体系。

此外,在2000多年前柏拉图创立的贵族学校中,学生被分为两种,他们接受不同的教育。

其中一种是综合管理方面的学生。学校要求这类学生在学校学习的时候,应该怀着虔诚的心态去学习教师所传授的知识,同时不应该提出问题。

另外一种是将来可能成为领导阶层的学生,这类学生所接受的教育和思维方式是完全不一样的。学校更要求这类学生在任何情况下都应该保持独立和清醒的头脑,并针对知识的合理性和全面性具备批判态度。学生们可以根据问题提出自己的问题,并且可以通过讨论对问题进行补充。

早在中国古代,孔子就提出"敏而好学,不耻下问",意在用启发的模式让学生产生自主学习的求知欲,在学习的时候多提出问题,同时应该摒弃被动的学习方式,从而养成独立学习的习惯。孔子强调学与问的结合,强调学生应该围绕自己所提的问题自主学习,这也是一种探究的形式。

他认为勤于思考是学习的理想状态。一方面,孔子在思想教育方面特别强调学生对知识的吸收和接受能力;另一方面,孔子也希望学生在学习的时候可以更好地接受和吸取他人的知识。就像孟子所强调的问题,读书不能光靠死记硬背,还需要进行充分的思考。

除了上面提到的学习、互动和思考之外,孔子还对知识的选择和个人在学习之外进行实践的重要性进行了强调。

(二)近现代的探究式教学

一百多年来,美国的探究式教学方式在科学教育领域受到很多关注。因此,美国教育界对探究式教学的研究处于领域前沿,取得了较多的成果。

杜威对教育方法的探索已经成为教育领域的一大成就,他最有名的教育哲学著作就是《我们如何思考》和《民主与教育》。在这两本书中,杜威不仅在理论上证明了科学探究的必要性,并且在探求必要性的同时提出了自己的观点——"五步教学法",这也是人类探究过程的五个重要步骤:情境暗示、确定问题、设计假说、推断、实践。

杜威通过上述的五步已经基本上确立了问题教学法的步骤。科学的教育不仅能够让学生在学习方面获得更多的知识,同时也可以让学生在学习的过程中体会到学习的乐趣。

杜威作为一名出色的思想教育家,创造了一种全新的教学模式和一种更适合学习的教学方法。这种新的学习方法可以帮助学生在学习的过程中发现更多的学习方法，进而帮助学生在学习的过程中将知识掌握得更加牢固。在1916年，美国芝加哥大学施瓦布教授提出了一个更具创新性的教学方式——探究式教学法，这种教学方法的出现也直接改进了新型课程的学习方式。

改革开放以来，随着人们思想的解放，一些西方的哲学教育与思想教育逐渐进入中国，各种探究式的学习方法理论在日常的学习中层出不穷。现在这种探究式的学习方法已经全面应用到了现阶段的教学实践中并且取得了显著的成效。

目前，第一轮基础教育改革正在我国全面展开，随着时代的发展，新型课程改革已经成了新的目标之一，学生需要在学习的时候摒弃旧式的学习方法而使用新的探究式学习方法进行课程学习。新课程的改革目前在学习中已经得到深入的开展，在开展的过程中，教师要将其与学生之间的关系维护得更加融洽，同时需要更加注重与学生进行沟通，尊重每一位学生的想法与观点，强调学生与学生之间、学生与教师之间相互交流与合作。

二、基本内容

（一）内涵

探究式教学法又称为发现法、研究法，主要是指学生在学习概念和原理时，教师只是给他们提供一些事例和问题，学生自己通过阅读、观察、实验、思考、讨论等途径主动探究，自行发现并掌握相应的原理和结论的一种方式。学生在教师的指引下，可以更加积极地参与到教学中并且可以更好地发挥主观能动性。这其中需要学生掌握并且理解解决问题的方法和步骤，更加客观地了解事物的属性，通过学习和寻找发现规律并且形成自己的概念和理解。所以在探究式的教学过程中，学生就是整个学习的主体。

探究是目前国际教育学科中最常用的关键词之一。探究是对知识或信息，尤其是对真理进行探索、研究的活动。

探究式学习就是一种获得科学研究能力的学习方法，主要包括五个方面。

1. 提出问题

学习者需要通过学习来发现问题、探索问题。

2. 收集数据

学习者可以通过解释和评价科学问题来进行探讨学习。3. 形成解释

学习者应该在事实证据的基础上讨论和解答问题。

4. 评价结果

学习者通过比较的方法进行科学知识的相关解释。

5. 表达结果

学习者应该更加熟练地对自己所知道的问题进行阐述。

探究式的学习方法能够让学生更加主动地参与到整个学习的过程中，同时可以让学生更加主动地去思考应该怎么做，而不是一味地接受教师的教导。所以探究式的学习方法在这不只是一种学习方法，更是一种学习的目的。

探究式的学习方法特别要求教师在掌握理论知识的同时帮助学生在课堂中进行实践，同时可以在实践的基础上进行全新的总结并形成一套全新的理论。这样做不仅可以促进教学的全面发展，同时也可以帮助教师在教导学生学习的过程中引导学生更加自主地深入学习中，并且可以让学生更好地参与到寻找问题、解决问题的过程和活动中。探究式的学习方法可以让学生更加独立和主动地去了解知识、掌握知识，让学生在日常学习中形成科学的学习态度。所以探究式的学习方法的最终目的是通过科学的学习方法帮助学生得出正确的科学结论。

（二）特征

1. 重视过程和结果

在教师的教导下，学生需要通过探究的过程对学习到的知识的内在联系进行深入的了解，然后达到灵活掌握知识的最终目的；另外，教师需要让学生在学习中培养观察、调查、假设等多种技能，使其可以对自己的作品进行更好的研究，同时也可以让学生端正态度。

2. 重视知识的运用

探索式的学习方式可以更好地帮助学生在学习中获取知识、解决问题，同时也可以帮助学生增加知识储备；在帮助学生解决问题的过程中，还可以让学生的学习更加贴近生活。这种探索式的学习方法可以更好地帮助学生在生活和学习中培养实践能力。

3. 重视评价体系的形成

探索式的学习方式，对评价很重视。学生可以通过不断地提高自己的学习水平来探究该种学习方式是否适合自己。

4. 重视师生互动

探索式的教学方法以学生为学习的中心，能充分地激发学生的主观能动性和创造性。此方法虽然以学生为中心，教师应该尊重学生的选择，但同时学生也应该在教师的帮助和指引下，更加主动地对知识进行探索。

（三）意义

1. 活跃课堂氛围

在实际教学中，格外注重因材施教的原则，充分发挥学生的主动性和认知能力。在实行探究式的教学方法时，首先尽量去避免单一式的教学方法，单一式的教学方法，不能让学生在实习中发挥自主性；其次让学生在学习中满足自我的发展需求；最后让学生在活动中更加主动地去学习，并且在学习中主动培养合作意识。

2. 师生共同发展

教师在教学中努力去改变自己，将自己的经验总结出来传递给学生。这样可以更好地激发出学生的潜能，使学生可以变成学习的参与者。

三、理论基础

虽然现在人们对探究式的学习方法更加重视，但是就目前情况而言，探究式的学习方法的理论知识还比较薄弱。这种薄弱体现在心理基础建设上，我们应该对探究式学习方法等领域进行研究和分析，从而帮助学生在日常学习中取得更好的成绩。

（一）认知结构理论

布鲁纳认为，学生在学习的过程中不应只是被动的知识接受者，应该更加主动地进行信息的处理分析。教师应该将知识转化为适应学生发展的形式。这个过程主要有以下步骤：

①通过提出不同的问题，激发出学生对学习的兴趣以及好奇心；

②激发学生对知识的求知欲；

③解决问题的同时提供多种问题的不同假设，帮助学生拓宽原本被禁锢住的思想；

④帮助学生收集问题，并且积累知识与实践经验；

⑤帮助学生进行相关资料的查询，并且得出更多的结论；

⑥引导学生的思维，使学生主动进行学习，并且得到他们想要的结论。

（二）建构主义学习理论

建构主义学习理论强调学习是学生主动建构的过程。认知发展理论是建构主义学习理论的重要基础，建构主义学习理论从知识和学习的角度对探究式学习和探究式教学进行了更深层次的阐释。建构主义学习理论认为，知识不是永恒的，是相对客观、开放和不断发展的。

探究式教学吸收了建构主义学习理论的精髓。它以"问题"为线索，使学习者或群体关注真实性，并积极获取各种有助于解释和评估问题的证据。

所以，建构主义学习理论重视学生原有的知识和经验的作用，强调教学活动要不断打破学生原有的平衡，帮助学生建立一个新的学习状态。

（三）人本主义学习理论

人本主义学习理论认为，目前现有的心理学，尤其是行为主义心理学，没有直接深入地探讨人类所拥有的思维能力以及情感体验，而是过度地对学科进行深入研究，在这个过程中往往会忽视以人为本的特质。

人文主义学习理论希望每一个人都能够拥有自主学习的能力和潜力，并且在适当的条件下，将每个人的学习能力和经验融合在一起，并且使这些融合在一起的经验得到适当应用。

以学生为中心，可以帮助教师在日常教学中树立以人为本的核心教育观念。树立以学生为中心的教育意识，即允许学生在学习过程中决定自己的学习内容和学习动机。

探究式教学的研究将理论与实践相结合，吸收基础学科的最新研究成果，并将其应用在教学过程中。教师应当善于构建真实问题所处的情境，让学生能够在学习知识的同时体验到学习的重要性和价值，并且在学习的过程中激发探索兴趣，最终通过这种方式来解决各种各样的问题。同时教师作为学习过程中的督促者，需要为学生学习创造探究的环境，并且帮助学生制定探究的步骤，为探究式学习提供信息，让学生自己找到问题的真正答案，体验探究真理的快乐。

因此，探究式学习与教学的研究，需要将之前的经验与教训进行吸收和总结，并且与现有的教育教学融为一体，依托研究性学习与教学的理论基础，从学生知识建构的角度出发，在新的知识和学习观的基础上，把握学生自身知识建构的本质和核心。

四、探究式教学模式

（一）国外的教学模式

1. 萨其曼探究教学模式

该模式遵循问题—假设—验证—结论的程序，重现探究的全部过程，变相地帮助了学生，使学生在学习上获得进步。

2. 指导型探究教学模式

该模式是指向学生提供需要调查的问题，学生们在经过讨论与分析后，将收集到的数据进行汇总，寻找出最终的答案。

3. 有结构的探究教学模式

该模式是指教师让学生提出探究式的问题，学生根据自己所学的知识，将收集到的数据进行汇总，并且找出这些数据之间的关系，最终通过讨论获得答案。

4. 学习环教学模式

学习环教学模式起源于 20 世纪 60 年代，这种教育模式是一种非常具有影响力的教学模式。

学习环教学模式通常分为三个阶段：首先是概念探索阶段，学生通过各种各样的手段从探索活动中获取经验，产生全新的想法；其次是概念介绍阶段，学生介绍自己有什么新的想法或者新的经验；最后是概念应用阶段，学生将自己的新思想运用到不同的背景中，通过学习环的模型，将这些思想进行更深层次的发展，这种发展可以与学生的特点相结合。

5. 自由探究教学模式

这种教学模式要求学生必须独立完成所有任务，并且在其他方面自由探究，类似于科学研究。

（二）国内的教学模式

1. 自主探究教学模式

自主探究教学模式要求教师引导学生进行自主学习，使学生能够培养独立思考的能力，并且积极地对所学的知识进行结构上的认识。

（1）自主探究教学模式的主要特点

①教师是教学的主体，而学生则是学习的主体。

②注重教学过程的开放性和研发性是自主探究教学的一个重要的特点。在教学的过程中，教师注重发挥学生的主体意识和创新意识，使学生自主探索发现的能力得到提升。

③在自主探究教学模式中，教师更加注重学生的参与情况。

④该模式注重问题设计的合理性与教学的有效性，并且在教学过程中提倡互动性与教学方法的多样性。只有这样才能够让学生更加主动地参与其中。

（2）自主探究教学模式的思想

①如何对学生的活动进行监管？如何对学生进行有效的分组？这些是教师在日常的工作与教学中应该注重的问题。

②教师应该充分允许学生成为学习的主体，并且在教学过程中促进全体学生积极参与到教学过程中，同时赋予学生更多的权利。

③教师是学生学习的促进者、指导者。

2. 合作探究教学模式

合作探究教学模式是指教师在教育教学过程中，根据学生不同的学习情况将学生进行分组，让学生可以通过分组合作、互相帮助，最终达到促进个人发展的目的的教学模式。

（1）合作探究教学模式的基本要素

①合作探究教学模式旨在让学生知道自己不仅要对自己的学习成绩负责，同时还要对组内其他成员的学习成绩负责，并且在探究过程中更加积极地去帮助其他同学。

②小组内的每一个成员都必须对个人成绩和其他成员的学习成绩负责。

③混合分组应尽量保证组内学生的异质性和互补性。

④提升学生的社会技能水平不仅是合作探究的目标，同时也是探究的前提。学生只有将自己的社会技能水平进行提高，才能更好地完成合作探究学习。

⑤群体的自我评价或者群体的反思，可以使整个群体和小组获得更长久的发展以及进步的空间。

（2）合作探究教学模式的思维

①合作设计要合理，以合作、互动为特点。

②提前设定目标，为评价提供依据。

③小组成员互相帮助，促进集体成就的积累。

④自我评价与其他评价相结合。

（3）合作探究教学模式存在的问题及其解决方法

①问题太简单，导致合作探究成了一种形式，失去了应有的意义。

②专注于探索，忽略总结。

③只关注优秀的学生，不关注后进生。

针对上述提出的问题，教师应该将教学重点与难点进行紧密结合，同时提出的问题对学生具有启发性，通过问题充分调动学生的积极性；充分引导学生进行总结，加强学习和小组讨论，通过这种加强营造一种氛围，积极地去帮助学习成绩较差的学生；同时教师要对不同发展水平的学生提出不同的要求，并且在整个过程中关注每一个学生的成长与学习成绩的变化。

3. 问题探究教学模式

问题探究教学模式将问题作为教学的纽带，让学生可以在课堂或者课后提出相关问题，并且通过讨论来分析问题、解决问题，这种模式可以提高学生的智力水平以及学习能力。

（1）问题探究教学模式的特点

①需要从问题出发，培养学生思考问题和提出问题的能力。

②教师与学生进行角色转换，教师不应只是知识的传授者、解释者和学生学习的促进者，还要站在学生的角度对自己的授课进行反思。

（2）问题探究教学模式的实施策略

①建立民主的平台，培养学生的主观意识。

②多角度入手，培养学生的问题意识。

③改变备课模式，以问题为核心，以问题为主线。

④重组教学形式，创造更多探索空间。

（3）问题探究教学模式的思维

①根据学生需要学习的知识，并且结合学生的知识水平，建造出模拟的情境，同时引出问题，让学生对问题进行思考和讨论，并且通过思考和讨论得出相应的结果。

②根据学生不同的心理特点和教学体系的特点，教师应该在日常的教学中组织和指导学生对自己提出的问题进行独立的思考。

③教师应该引导学生通过直觉获得更加直观的知识，并且将获得的知识有效地组织起来，构建新的知识体系。

④学生运用所学知识解决具体问题，同时在解决问题的过程中对知识有更深入的理解。

（4）问题探究教学模式存在的问题及其解决方法

①问题设计得不够完整。

②问题设计得水平不高。

③问题设计得不够开放、大胆。

鉴于以上问题，教师在面对复杂问题的时候，应该采用分解式的设计方案，在总体目标不变的基础上，将复杂的问题分解成几个易于理解的问题，启发学生从多种角度去思考。我们应该以学生为中心，以教师为主导，以兴趣为主线，统筹兼顾。

4. 情境探究教学模式

情境探究教学模式旨在成功引发学生的情感体验，并且在情感体验中加入生动的场景和感情色彩，从而帮助学生理解课文和发展他们的心理功能。

（1）情境探究教学模式的基本原则

①轻松愉快原则：引导学生在轻松愉快的情境或气氛中提各种问题，拓展自己的思维。

②自主性原则：强调良好的师生关系——学生在教学中的主体地位。

（2）情境探究教学模式的思维

①通过实验创设情境，帮助学生将所学知识与已知知识联系起来，构建知识体系。

②教师应该构筑新旧知识之间的联系，从而更积极地认识到氛围与情感氛围的关系。

③借助实力创造情境，让学生可以在课堂学习中更加真实地感受到教师想要创造出的情境，从而激发学生探索的兴趣。

④运用不同的表现方式，如图片、表演、语言或者是故事来制造情境。

（3）情境探究教学模式存在的问题及其解决方法

①情境教学过于强调情境效果。

②缺乏对课程整体性、全面性等的重视。

③情境教学强调人为情境的创造，对教师素质要求过高。

鉴于上述问题，教师必须熟练掌握教材，准确把握学生的心理特征；根据学生的特点，合理地选择适合学生的学习手段和方法，同时创造学习环境。教师在运用情境教学方法时，需要根据学科的特点去重点创造学习情境，从而努力提高自身的教学水平。

第二节 任务型外语教学

任务型外语教学以完成特定的任务为学习动机,完成任务的过程为学习的过程,以展示任务结果的方式来反映学习的成果。

任务型外语教学是为了培养学习者在日常生活中使用语言的能力,通过完成任务,更好地将语言进行应用。基于任务的外语教学就是让学习者在做事情的过程中学习和使用语言,即在实践中学习。

一、背景与现状

在现有的文献中,学者们对任务的定义有不同的看法,但都不否认,任务型学习中的任务与现实生活中的任务有许多相似之处。

社会生活中的任务,包括语言和非语言活动,这种任务是学习者离开学校后的最后任务,学习外语的最终目的是获得语言应用能力。

学习任务是学习者利用目的语理解、解决问题的课堂活动。在这种活动中,学习者不仅仅机械地使用语言,他们的注意力主要集中在词语的表达意义上面。这些活动都有具体的目标、适当的内容、独特的学习程序和不同的结果。

二、基本内容

教师通过设置一系列由浅到深的任务,引导学生理解事件,将学生带入现实生活情境中,为学生提供语言交流的机会。每个任务都是合理设置的,任务之间存在关卡和梯度。从输入到输出,每一个任务和步骤都为学生创造了学习语言的良好情境,并帮助学生在情境中学习。学生可以通过完成一系列的任务来获得更多的信息,同时,学生将所学知识运用到实际生活中,为自己提供了语言实践的机会。

(一)任务类型分析

从任务的定义来看,很容易看出任务就是活动,任务型教学是专注于课堂活动的教学。在实际的课堂教学中,一个任务可以分为几个活动去执行,同时这些活动既有任务的模式,又有实践的特点要求。

任务型外语教学法的应用不能否认实践对语言学习的影响,巩固语言知识的唯一活动是语言输出。

1. 教育型任务

教育型任务通常包括激活型任务和预演型任务。激活型任务指的是激活学习者的语言天赋和语言能力，就像是角色扮演和信息交换一样，让学生身临其境。

2. 课堂任务

将单元教学目标分解为更具体的课堂目标，以实现总教学目标。任务具有依赖性和包容性，并形成任务链，图5-1为单元任务与课时任务的关系。

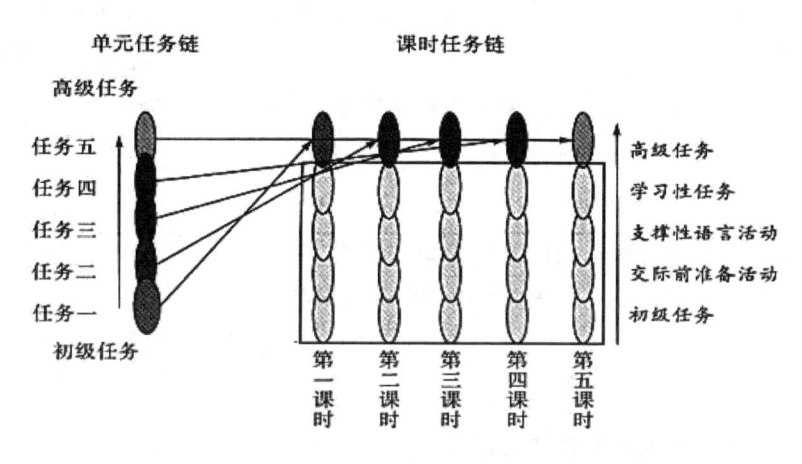

图 5-1 单元任务与课时任务的关系

3. 真实性任务

真实性任务指学习者离开教室后在生活、学习、工作中可能需要处理的各种事情，完成真实性任务是外语教学的最终目标。

（二）任务型外语教学的特征

1. 多样性

教学的多样性主要体现在教学活动的层次上，比如角色扮演、讨论、解决问题等。

2. 注重交际功能

任务型外语教学强调语言在日常使用中的准确性。学生应该在生活中更多地进行语言交流，并且在脑海中呈现的不仅是单词和语法规则，应该事先将准备好的短语以固定的形式表达出来。同时这种表达方式也要具备准确性和流利性。

3. 师生角色的转变

在传统的语言教学中，教师往往是整个教学的中心。任务型外语教学，则强调将学生作为学习的重点，教师的主要工作是为学生提供语言类的教材，组织学生参加更多的活动和小组讨论。教师也可以成为学习者的一部分，一起参与到日常的教学工作中，一起完成任务，一起学习，同时帮助学习者构建新的知识架构。所以在任务型教学中，教师是学习计划的组织者、资源提供者、任务活动的展示者和最终的评估者。

学习者通常都是单独或者是通过集体合作完成教师所交给的任务。教师应该鼓励学习者通过所学的语言完成任务，而不是仅仅规定语言项目。学习者也要通过制造性强的语言，有逻辑地完成任务，所以学习者不是被动地学习，而是更加主动地参与学习和探讨。

4. 评价方式的转变

与传统的教育模式相比，任务型外语教学模式，不管是在教学方面还是在评价方面都发生了很大变化。最终评价注重结果。

评价手段由单一的、固定的考核方式转变为多样化、灵活性的考核方式；形成性评价与总结性评价相结合。

（三）任务型外语教学的意义

从语言观和语言学习者的角度来看，任务型外语教学法提倡语言的输入与输出的配合。

1. 积极完成任务

任务型外语教学提倡学习者用语言完成任务，它强调在知识传输的过程中，不可以忽视语言所带来的教学功能和意义，所以任务型外语教学非常有利于学习者学习语言以及提高综合能力。

2. 积极沟通

任务型外语教学提倡学习者进行双向或者多项的语言交际活动。在交际活动中学习者可以将语言作为一种交流工具，这可以很有效地帮助学习者在课堂中学习到语言知识，在实际生活中进行更多的演练和展示，并且可以顺利地使用语言进行交流；同时也可以让学习者体验到学习所带来的乐趣，并且有助于激发学习者对学习的主观能动性和更多的学习兴趣。

3. 积极合作

任务型外语教学主要是希望学习者能够在学习的过程中，通过多种不同的学习方法，扮演好自己的角色，从而相互合作。这种教学方式可以使学习者的综合能力得到很大的提高，同时可以增强学习者在日常生活中的责任感，有效地培养学习者的团队合作意识。

三、理论基础

（一）认知建构理论

认知建构理论认为，在传统的语言学习活动中，学习者过于注重语言形式，不能促进语言能力的全面发展。只有把注意力集中在语言理解和表达上，才能全面发展语言能力。基于任务的语言学习是指学习者通过将语法规则和语言功能整合到交际活动中，接触到大量的语言，形成自己稳定的语言系统，全面发展语言能力和言语能力。

（二）语言习得理论

语言习得是一个人语言学习和发展的过程。根据语言习得理论，语言学习的规律是必须有大量的语言输入才能使学习者掌握他们正在学习的语言；学习者需要在不同的情境和语境中运用语言表达自己的思想，从而逐步形成自己的语言体系。

外语课堂活动离不开兴趣、生活体验、能力范围和智力因素等。语言学习者要具备两种语言习得能力：一是学习者用目的语进行交际，然后无意识地习得语言，即语言习得。二是语言学习者通过有意识地记忆语言规则来学习语言。它被称为语言学。

1. 目的性原则

目的是设计任务中必须考虑到的问题之一。为了完成任务，学生需要准备什么，需要做什么，而完成任务之后能得到什么，这都是教师在设计任务时需要考虑到的问题。不能让学生在完成任务之后没有收获，这样会降低学生对学习的积极性。

学生在活动中要熟练掌握语言形式，完成任务后要掌握语言技巧，获得综合运用语言的能力。

2. 任务连续性原则

任务的顺序是根据任务的难度系数来安排的，先易后难；根据活动的特点进行排列，先输入后输出。

任务之间应该有层次性、连续性和覆盖性：从初级到高级、从简单到复杂、从单一到综合、从投入到产出、从学习到生活。

3. 真实性原则

真实性原则更多的是针对交际任务，它要求交际双方都有真实的交际需要，所提供的语言材料和活动形式应尽可能贴近生活。例如，阅读和回答问题并不是一个真正的任务活动，因为人们读书的时候，不会具体地回答问题，而是摘录。

4. 信息交换原则

信息交换原则也适用于交际任务，在完成任务的过程中，活动必须包括信息的获取和传递、处理和使用。

5. 结果性原则

完成任务后，必须有一个可见的、有形的结果，它也可以是制定的决策、完成的报告、制定的项目等。结果是任务的组成部分，也是评估学生任务完成质量的依据之一。

（三）任务设计步骤

1. 确定任务目标

任务目标分为三个层次：
最终目标（培养学生语言能力和交际能力的最高要求）；
教育目标（课程标准中的层次目标）；
具体目标（具体任务下的具体活动要实现的目标）。
在确定任务目标时要注意以下几个方面：
①熟悉课程标准的分类，关注教学部门的子目标。
②充分了解学生的需求和教材的内容。
③将任务目标作为一个整体，在单元目标的基础上细化课时的具体目标。

2. 确定任务类型

根据不同的目标选择不同的任务类型，各种任务要结合使用，合理选择。

3. 选择教材

实践教材是不可能满足学生在学习和日常生活中的所有需求的，这就需要教师能够结合日常生活编写出新的教材，并且将新的教材用于教学过程中。

在选择教材的时候，教师需要考虑教材的内容、难度以及呈现方式，因为这些都可以影响到学生最后的学习结果。同时教材也可以涉及学生的生活经历，以及日常的书籍、报纸、广播、电视等其他外在因素。

4. 确定操作程序

在计划好全部的任务活动之后，教师需要进一步考虑活动中所涉及的细节，并且需要在活动开始之前预测出活动过程中有可能会出现的问题，并且根据问题做好一切应对措施。

5. 调整任务难度

在活动的开展过程中，经常会遇到困难，辅导教师需要在任务实施过程中及时对任务的难度系数进行调整，让学生通过自身的努力消除恐惧，完成任务。

第三节　体验式外语教学

我国外语教育的现状与时代发展的要求还有很大的差距，传统的外语教学模式注重教师对知识点的讲解，但是忽视了生活中的实际运用，忽视了学生的主观能动性。很多学生在语言运用能力上得不到提升，也体会不到学习外语的乐趣。

一、体验式教学的背景

事实上，无论学习哪一种语言，交流都是最根本的目的，但由于教学方法和环境的限制，目前国人将大部分时间和精力都用在了知识性内容的学习上。要改变整个课程过分注重知识传授的倾向，需要端正学生的学习态度，从而让学生可以通过知识进行基本技能的学习，树立正确的价值观和人生观，并且培养独立思考和自主学习的能力。

这就强调课程的功能应该从单纯的传授知识转变为引导学生学会学习、学会生存、学会做人。所以，教学要密切关注知识与生活的关系，引导学生在现实生活中多去观察和体验，并运用各种知识解决问题。

体验式教学法应培养学生的综合语言应用能力，让学生形成积极的情感态度，主动思考和大胆实践，提高跨文化交际能力。学生应该以不同的方式接触和学习外语、体验语言、使用语言。在外语教学中，教师应创设和优化外语教学环境，使学生在互动中进行语言交流，使语言学习成为创造和使用语言的体验过程。

要实现这一目标，外语教师必须学习新的教学理念。体验式教学旨在培养学生的自主和创新精神，营造教学氛围，激发学生的情感，力求实现师生互动过程中认知过程与情感体验过程的有机结合。

体验式教学模式与传统教学模式最大的区别就在于，体验式教学模式只有参与到体验中才能学到知识，体验式外语课堂教学能给学生带来新的感受和新的刺激，可以加深学生对知识的记忆和理解，将外语学习的过程转化为创造过程。

二、基本内容

（一）关键点

不同的学者从不同的角度研究体验，对体验的描述也不尽相同。但是，通过分析比较，我们可以知道体验是情感性的、个体性的、缄默性的。

1. 体验的情感性

体验与情感的产生是密不可分的，通过体验可以产生更深刻、更有意义的情感。有了这种情感的加持，我们才能真正了解生命的意义。

2. 体验的个体性

价值取向与生活体验是息息相关的，体验总的来说是个体在独立的情况下对知识结构的认知。每个人的生活都是独立的，所以体验也是相对独立的，因此，同样的一件事情，不同的人去体验之后，会产生不同的理解并且携带不同的情绪。

3. 体验的缄默性

体验是主体从过去的经历中获得的各种各样的感受，这些感受可以增加个体对体验的理解，但是不可以将这种体验称为隐性认知。

（二）含义

人类的学习过程分为左脑学习和右脑学习两大类：左脑学习就是教师教的现成的理论和知识让学生记忆；右脑学习强调实践活动的体验，是从自己的体验中学习和理解。左脑进行学习时可以强调理论知识，而右脑进行学习时刻意强调学习的实用性，所以体验式学习也被称作右脑学习。

体验式学习是指学习者在实践活动中将对知识的认知与个人的体验和理解相结合，并且通过实践过程得到全新的知识和系统方法的一个过程。体验式学习强调学生的感受和体验的过程，同时也对学生充分利用自己所学的知识十分看重。

体验式学习最重要的是能够让学习者在真实或者模拟的情境中进行学习和参与活动，能够让学习者与不同的人进行人际交往活动，让学习者进行反思和总结，从而积累经验，最终得到结论。体验式学习对于培养学生正确的人生观与价值有着非同一般的作用。

体验式教学是建立在平等和谐的学习氛围中的，只有这样的学习氛围才能够帮助学习者获得更好的知识，学习者在获得知识的同时可以对其进行有效的处理和转换，构建自身的知识结构。

体验式教学，将教育者看作一个具有完整生命的充满感情的人，而不是一个简单的认知的主体。

（三）特征

体验式教学一般具有以下五个特征。

1. 自主性

人天生就具有自我意识和自我发展的本性，体验式教学使学生在学习中主动寻找自我意识。这个过程可以帮助学生提升自主学习能力，以及对生活的体验能力。

2. 生成性

体验式教学注重生命的发展性、不确定性和生成性。教师知道学生总是在变化和成长的，在不同的学习阶段他们有不同的人生经历。教师要做的就是为学生创造一个情境，帮助他们充分成长，并引导学生正确面对生活，使学习过程成为学生成长的过程。

3. 唯一性

体验式教学尊重生命的唯一性、差异性，理解每个人都是独一无二的，在一定程度上接受和肯定学生的人格。

教师通过了解学生的长处与短处，可以更好地了解学生不同的学习习惯与学习风格，可以更加正确地对待弱势学生，帮助他们在学习中取得进步，同时让他们更好地体验成长中的幸福。

4. 完整性

人的生命是富有丰富内涵的。人不仅有认知，同时还有感情、态度以及信念。体验式教学就是让学生在知识的认知中积累处理问题的经验。

体验式教学使学生的情感、信念和态度都参与到学习中来，从而获得更加完整的成长经历和人生经验。

5. 平等性

在传统教学中，教师的主要作用是传授知识，将书本上的知识用"灌输式"的方式教授给学生，而学生则是被动地接受教师传授的知识，这是一个知识转移的过程，师生之间很难有平等的关系，就更不存在积极地建立情感体验了。

在体验式教学中，师生之间应该创建更多的共同话题，在共同话题的讨论中，教师与学生通过交流，才能够感受到生命层面更多的意义和价值，从而建立出相互尊重、相互信任、相互鼓励的关系。教师应该为学生提供更多的展现自己生命力的机会，同时应该让学生的心灵得到自由的释放，从而让学生的学习目标真正实现。

三、体验式教学的模式

体验式教学注重学生在认知过程中的体验，同时体验式教学也突出了以人为本的教学思想。体验式教学可以更好地促进学生德智体美劳的全面发展，以及各项能力的提升。教师的素质提高了，学生的各项素质也能提高。

体验式教学的模式是多种多样的，教师在根据学生的年龄和需求将教案融入体验式教学的时候，需要根据不同学生的需求进行不同的分解，同时创造出适合该阶段学生学习的学习情境，让学生在和谐的学习环境中更好地进行体验理解和认知。

（一）国外体验式教学模式

体验式教学理念在国外出现的时间比较早，但是体验式教学的研究在国外并不多见。近年来研究人员对体验式教学模式的探究特别关注，但是体验式学习模式的研究并不多见。

当人们的意识从学校教育的局限性向学生的均衡发展上转化时，为了帮助学生可以更加均衡地发展，学校和社会需要为学生提供更多不同的挑战和个人体验，这样做才可以让学生在体验式教学和学习中逐渐养成独立思考的学习习惯。

（二）国内体验式教学模式

在国外，体验式教学模式被广泛应用在各个城市的各个学科教育之中，而国内关于体验式教学的文章则广泛出现在2003年之后，也就是说2003年以前体验式教学是鲜为人知的。

在体验式教学的过程中，教师应该尽一切可能为学生提供实践的机会，并且运用多种体验式教学的方法，将抽象的知识变相地还原成事实，让学生可以更加直观地去进行思考、讨论以及合作，而学生可以通过体验式教学最终得出结论。学生需要在教师的指导下，真正地用感情和思想去充分理解这种教学模式。

体验式教学既包括实践体验，也包括心理体验。体验式教学模式主要有以下几种。

1. 反思回味式

学习主体通过想象和记忆，把最有价值的人生事件放在自己的经历中，即从心理层面对以往的体验进行"再体验"，从而触发相应的体验，这种体验具有回顾和反思的性质。

2. 心理换位式

心理换位式是指学生从心理层面体验或模拟一定的角色，假设自己与角色有一致的思想、观点、情绪和行为。也就是说，主体在心理上扮演着他人的角色，"体验"他人的个人体验，即心理换位。

3. 交流互动式

交流互动式是指学生在相互交流讨论和不同意见碰撞的过程中，理解知识。这种体验式教学模式是在学生充分准备的基础上，使学生以小组的形式相互交流和讨论。题目可以由教师提出，也可以由学生在教师的指导下提出。

4. 情境沉浸式

在教学中，教师根据具体的教育内容和学生的实际情况设计一定的情境，加强学生的情感体验，这样学生可以更容易理解学习内容。

巧妙地设计场景是教师的重要任务，要让大多数学生都能沉浸在场景中，有联想和情感共鸣，这就是情境沉浸。在课堂教学中，为了创造生动的场景，最常用的是多媒体。多媒体往往能传递生动的画面、悦耳的声音，具有强烈的视听效果。它可以将声音和图像结合起来。

语言与情境、视觉与听觉的结合可以创造语言使用的真实场景。多媒体动画所展示的仿真环境，使学习者有身临其境的感觉，充分调动了学习者的视觉功能，让学生更有效地参与学习过程。

5. 实践活动式

这是一种原始的体验，体验主体亲身体验事物，并获得相应的实践意义上的知识和情感。学生在学习中开展一些学科实践活动以及研究性学习活动，从而加深对知识的理解。

课堂教学是把生活转化为知识，用知识认识生活的过程。因此，教师应尽量把课堂延伸到课外，让学生学到知识，并将其融入自己的课外生活。开展相应的第二课堂和社会实践活动，能使学生在活动中得到内心情感的体验和升华。

第四节　参与式外语教学

通过对参与的理解，我们可以认为参与式教学主张自由和民主。在平等的教学氛围中，教师采取灵活的教学手段和方法进行教学，学生自愿地、积极地参与到教学中。

一、参与式教学的背景

1990年后，"参与"已经成为国家在发展领域中的一个常用的概念，参与式教学在政治、经济及社会领域中都扮演着十分重要的角色，目前很多国家都格外重视参与精神，同时在发展项目中也经常会用到参与的方法。

参与的概念在中国已经有了二三十年的发展历史，不管是在乡村发展项目还是在医疗项目中，都有着举足轻重的作用。

近年来，"参与"的方式逐渐应用于教育教学和教育改革等领域。

二、基本内容

"参与"即参加，对事物的发生、发展起着一定的作用。参与十分强调有关人员对事情的决策、规划、实施、监督、评价等。活动的干预是一种实践活动，强调参与者在活动过程中的存在。

（一）含义

参与式教学以教师和教材为中心，为学生营造出一种更适合其学习的环境和氛围。参与式教学需要学生积极地参加课堂活动，从而达到活跃课堂气氛的目的。通过参与，学生将有机会选择教学内容，并且对目前的教学进度提出意见和建议，最终参与到教学方法的制定中；同时，学生可以更加积极地控制教学过程，以及干预最终的教学评价结果，真正地发挥自己在学习过程中的主观能动性。

（二）特点

参与式教学吸收了传统教学模式合理的部分，同时又有新的发展和突破。

1. 生成性

参与式教学主要是指学生在积极参与教学的过程中可以更好地理解课堂内外所带来的知识,同时可以更加积极地构建出自己的知识结构,这也间接说明了知识的动态性。

2. 包容性

参与式教学强调教师和学生应该互相包容。因此,教师应该进行教学反思,这有利于教学活动的进一步开展。

3. 全体性

参与式教学强调所有的学生与教师共同参与教学。教师应该在教学中承担责任,并且每一个学生,无论是优秀的学生还是成绩不好的学生,都应该是教学过程中的主体。

每个学生都应该有平等参与学习的机会,他们都有权利对自己的想法进行阐述。同时教师也不是一个人在"战斗",同一年级同一学科的教师应该增进交流,同时在教学经验上也应该互相借鉴,了解学生最近的学习状况和心理状况,只有这样做才可以让学生成为整个教学的主体。

4. 全面性

教学是一个过程,学生要参与到教学的各个方面。参与式教学强调教师和学生在教学各个方面的充分参与。

5. 合作性

合作性强调了师生的合作关系,师生参与教学的过程就是师生在一个平等的平台进行合作的过程,教师和学生在一起合作的时候可以发现更多问题,进而共同分析问题、解决问题。在这个合作的过程中,师生之间可以进行更深层次的交流。

三、理论基础

参与式教学有着来自教育学、人类学、社会学、哲学和心理学领域的不同的理论基础。

(一)教育学领域

早在 20 世纪 60 年代就有相关的学者进行参与式教学的研究,并且在这个研究的基础上提出了"对话式教育理论"。他们相信当地人有足够的智慧、知识、创造力和行动能力,外来的"专家"只能作为当地社会变革的"催化剂"。

但在"专家"的指导下，当地人仍然无法改变自己的生活条件，因为他们受到各种制度的限制。当地人民才是变化与发展的主体和积极参与者，所以，专家应尊重当地群众的意见和建议，并组织他们积极参与实践。

（二）心理学领域

参与式教学法在心理学领域的理论基础主要包括人本主义理论、建构主义理论、认知发展理论和行为主义理论。

参与式教学是一种生动活泼的教学模式。它强调师生之间的平等交流、师生之间的合作、学生与学生之间的合作；倡导学生在一个轻松愉快的环境中学习，并最终摆脱教育，摆脱接受教育，成为学习的主人。

参与式教学模式可以发挥学生的主观能动性，弥补了传统教学模式的诸多不足。参与式教学模式能激发学生的内在动力，使学生愿意主动学习，主动、自觉地参与到教学的各个方面。参与式教学模式会根据教学目标为学生留出时间。在教学中，可以使教师进入学生的内心世界，帮助学生调动他们在学习方面的积极性和主观能动性，弥补传统教学的不足，充分发挥教师的主导作用。

参与式教学无疑是一种理想的教学模式，但也有一些缺点：教师和学生需要花费大量的时间在课前准备上，围绕某一主题的活动也需要半个小时到一个小时；组织者需要花费大量的精力准备相关的材料，同时，活动过程中需要高度的灵活性，因为可能会出现意料之外的意见或结果，所以很难做出公正的评价。参与式教学虽然有利于培养学生的发散思维，追求思维上的灵活性、新颖性，但不利于学生获取连贯的知识。

1. 人本主义理论

人本主义理论兴起于20世纪70年代，是参与式教学最重要的理论基础。人本主义学习理论坚持以人为本，并且提出了以下几个学习的基本原则。

①当学习者参与到学习过程中时，他们的学习将会有很大的进步；

②当学习者发现学习内容与学习目标相关时，就会产生有意义的学习活动；

③生活中到处都存在着潜在学习；

④学习者以自我评价为主要依据，将他人评价置于次要地位，独立性、创造性和自主性将得到提高；

⑤现代社会最有用的学习是理解学习过程，对经验保持开放的态度，在自我改变的过程中把经验融入学习中。

学生是学习的主人，促进学生自由学习有以下几种方法。

①构建真实的问题情境:为了让学生全身心投入学习活动中,教师需要发现或制造与学生的未来和他们所教授的课程有关的问题。

②提供学习资源:教师要为学生提供学习所需的各种资源,帮助学生学习。

③同伴教学:同伴间的教学指导是促进学生双方进步的有效途径,这种教学可以作为一种有益的学习方法。

④群体活动:该活动的目的是使每个参与者都面对一种与人真诚交流的情况,从而促进人与人之间自由、直接、自发的交流。

⑤程序性教学:帮助学生直接体验学习的满足感,掌握知识内容,了解学习过程,增强自信心。

⑥自我评价:学习者的自我评价是使自主学习成为负责任学习的主要手段之一。

人本主义理论强调的是学习者的内心世界,同时还强调教师的态度、教学风格和教学的整个过程,这几点都能够帮助学生保持一个积极乐观的学习态度。

2. 行为主义理论

行为主义理论认为学习者通常努力完成能够给自己带来回报的学习任务。虽然内部因素非常重要,但是学习者的内在动机也应该在学习中起到重要的作用,同时内部因素也必须通过外部因素发挥作用,所以激发学习者的外部动机,可以让他们在学习中更加努力,并且让他们对学习产生更浓厚的兴趣,从而可以更加主动地进行学习。

行为主义也可以用来解释合作学习对成员的促进作用,合作学习可以为小组成员提供相互学习、相互借鉴,以及合作的机会,如果一个小组的成员得到了奖励,那么小组中的其他成员或者其他小组的成员都会得到启发,从而提高学习的积极性。

行为主义更关注人的行为的变化,认为学习的本质是学习者的行为发生变化。参与式教学法强调从实践中学习原则,在大多数情况下,"行动"会导致"观念"的改变,这与行为主义的关注点相似,行为主义理论为参与式教学提供了理论支持。

四、参与式教学的方法

参与式教学有多种方法,如提问法、头脑风暴法、角色扮演法、小组讨论法等。

（一）提问法

提问法是参与式教学中最常用的方法。其基本程序如下：

①检查学习者对所学知识的掌握情况，看看他们是否掌握了最新的知识；

②测试学习者当前的学习状态，看他们是否保持了浓厚的学习兴趣和热情；

③鼓励学习者自主思考，自主寻找答案；

④提问是连接过去和未来的纽带，有助于开始下一轮的讨论或学习。

提问的作用是显而易见的，但一旦使用不当，会让学习者觉得这是一种盘问，不利于师生之间的平等交流。为了避免出现这种情况，教师应注意以下几点：

①不要故意问学习者很难的问题；

②只提问与学习目的和学习内容有关的问题；

③只问学习者会做什么。

为了提高学习者回答的质量，教师应该提出高质量的问题，避免一些不恰当的问题：

①提出开放性问题；

②循序渐进地问问题；

③确认学习者理解问题，确认教师理解学习者的答案。

（二）头脑风暴法

头脑风暴法是美国学者阿历克斯·奥斯本在1938年首先提出的，它是一种创新能力的集体训练方法。所谓的头脑风暴是隐喻思维高度活跃所导致的无限的自由联想和讨论，从而产生新的想法和创造性的想法。它的特点是允许参与者开放他们的思想，自由、快速地说出自己的想法，让各种想法相互碰撞。

因为"头脑风暴"当中的每个人都会"畅所欲言"，所以有效的"头脑风暴"并不容易组织，我们应该遵循以下几个基本环节和原则。

1. 基本环节

①明确主题：提出问题，将问题记录下来。

②准备材料：为了提高头脑风暴法的效率，我们可以在讨论前做一些准备工作，提前收集一些信息作为参考。

③明确分工：有必要设定一个主持人，重申讨论的话题和规则，引导讨论过程，掌握讨论过程；一个记录员，记录下所有参与者的想法。

④把握时间：讨论的时间应该由主持人控制，一般来说，几十分钟就足够了。

2. 基本原则

①自由交谈：参与者的不同角度的大胆想象，应该受到尊重。

②禁止批评：每个参与头脑风暴讨论的人都不能批评别人的想法，因为批评无疑会抑制创造性思维。

③追求数量：头脑风暴的目标是获得尽可能多的想法，追求数量是它的首要任务。

（三）小组讨论法

在参与式教学中，小组讨论是一种很重要的模式。通常，4～6人一组，讨论两个话题。参加者的桌椅应尽量靠近，以便面对面地讨论，因为小组成员之间的身体接触和眼神交流可以提高讨论的质量，还可以促进人际和谐。小组讨论的具体步骤和重点如下：

①明确每个小组的具体目标和活动所需的时间，划分参与者的角色。要注意的是，每个成员都要扮演一定的角色，角色可以轮换。

例如：召集人（负责组织讨论）、记录员（负责记录小组的讨论结果）、计时员（确保每一组的成员有机会说话，提醒演讲时间）、汇报员（负责报告小组的讨论结果）。

②教师是课堂讨论的组织者，负责说明讨论的主题，向参与者提出明确的讨论要求，为每个小组提供材料；通过远程监控监督每一组的活动，随时提供必要的指导和帮助。

③每组口头报告讨论的结果，或做出书面报告。各小组讨论，并达成共识。

④教师和同学们对每个小组的报告进行评论，最后，教师对每个小组的活动结果进行总结，并给予学生适当的评价或期望。

⑤在小组讨论中，要避免成员讨论的内容没有逻辑联系；要避免小组成员的重复发言。

（四）角色扮演法

角色扮演是参与者将在语言学习中获得的知识以及技能用在特定的问题和环境中，从而提高整合能力以及运用新知识和新技能的能力。角色扮演的一般步骤如下：

①教师提出现实生活中的情境，明确角色扮演的一般要求，参与者对其进行适当修改。

②快速分组，并确定具体的主题和角色。

③教师向参与者提出观察任务，包括观察的内容、角度和方法等。
④进行角色扮演，其他参与者观察并记录。
⑤所有参与者对每组的表现进行评估，并讨论相关问题。
⑥教师协助参与者对角色扮演中的问题情况进行总结，并将其与现实相结合，探索行为的一般规律和解决问题的一般方法。

角色扮演法有优点，也有缺点。首先，对于参与者来说，一个巨大的挑战就是面对面说话；其次，有些角色扮演会在参与者的脑海中引起非常强烈的情绪反应，使他们长时间无法平复下来。

第五节　情境式外语教学

"情境教学"中的"情境"在本质上是一种人为优化的情境，是一种为语言教学设计的真实的情景和场景。它把教育、教学内容嵌入丰富多彩的背景中，为学生的发展提供优质的环境。情境教学激活所教的语言知识，帮助学生将所学知识融入生动的场景中，提高学习兴趣，改变以往外语教学枯燥乏味的局面。

一、情境教学法的背景

随着社会的快速发展，外语人才的需求量越来越大。在结构主义语言学和行为主义心理学的影响下，相关学者提出了以口语为中心、以句式或结构为关键环节的听说教学法。它在对母语和外语进行对比分析的基础上，以听说方式将语言结构分析的研究成果运用到外语教学中，使教材的编写和教学过程都有了科学的依据，这无疑可以提高外语教学的最终效果，也可以帮助学生更好地完成外语学习，并且调动学生在日常学习中对外语学习的兴趣和爱好，增强他们对其他学科学习的主观能动性。

当听说教学法在美国盛行时，英国应用语言学家和外语教师设计并应用了一种与听说教学法类似的外语教学法，即语法教学法或情境教学法。情境教学法主张听说训练必须与特定的情境相结合。

从狭义上讲，情境教学法是指传统语言教学中口语的情境教学方式之一，它是直接将教学法中的听说教学法作为基础，并且运用新的视听手段的一种教学方法。这种教学方法是以场景模式为中心的整体方法，它充分利用视听手段来培养学生的听说能力和应变能力。情境教学法体现了知识是在活动中不断使用和发展的，认为语境和文化是相连的。这些观点被后世学者广泛引用。

二、基本内容

（一）定义

在外语教学法中，产生影响的环境是由场景事件和人物组成的特异教育环境，其中包含了更多经典的教育形象和教育现象。情境可以通过文本、视听和多媒体图像的方式来表达教育行为。

情境可分为现实情境、回忆情境、联想情境。语言是根据语境和语言背景形成的，语言的文化背景和社会环境是相互联系的。情境教学法将简短的感情对话作为语言的基础，使新的语言结构在相关语境中重新组合，并将其运用在场景中形成对话。

情境教学法可以激发学生的学习热情，从而引导他们从整体上理解和合理地使用语言。

（二）特点

情境学习理论强调学习情境的重要性，重视学生的主动探索，强调学习活动的真实性、交际性、趣味性和创造性。

1. 真实性

在课堂教学中，教师应该创建出更加贴近实际生活的任务，从而帮助学生将课堂中所学习的知识运用到实践中去。创建的场景越接近现实生活，学生们构建出的学习结构和知识体系就越牢靠，同时也更容易在真实的情境中发挥作用。

2. 交际性

外语是一种交际性的工具，外语教学应该培养学生更好地使用这种工具的能力。

在课堂上我们应该有意识地让学生提供不同的信息片段，从而帮助学生创造可以交际的语言环境。

3. 趣味性

兴趣是语言学习的动力，学生对语言的感兴趣程度，直接影响到他们对语言的学习能力和掌握情况。学生对语言的学习兴趣也存在着差异，这种差异并不是天生的，当下的环境的影响也非常大，所以教师在进行外语授课时，应该充分调动学生在课程中的积极性，这样做才可以使学生更加有效地学习，并且可以激发学生对学习的兴趣。

4. 创造性

学习者应该具备灵活的创造能力和语言表达能力。在外语教学中，教师应该把文本的内涵全部教授给学习者，并且通过合理的场景和任务充分发挥出学生的想象力与创造力，同时也可以让学生自己进行场景制造。这样做既可以培养学生的创新意识，也可以使学生的积极性得以大幅提升。

三、理论基础

情境学习理论出现的时间并不是很长，但是对理论学习和实践都产生了极为重要的影响。

情境学习理论也有其局限性，现实情境是否有利于认知技能、创造技能等高级认知技能的提高还有待证实。虽然参与解决复杂的现实问题有助于提高学习者的实践能力，但由于学生的经验、动机和认知存在差异，并不是所有的学生都能从中获得最大的利益。此外，使用这一理论来指导教学可能需要更多的时间和资源，教学效率与教学效果的平衡也必须考虑在内。

（一）图式理论

图式理论是心理学家用来解释心理过程的一个重要理论，所谓的图式是指在理解的过程中大脑率先获得知识的结构并且做出反应。图式是个体在理解和记忆过程中表现出来的过去的经验和知识，人们所拥有的图式是他们个人积累的经验、习得的知识等。

学生了解文本所需要的背景知识越多，其大脑中所要具备的图式也就越多，图式越多，就越容易对新的知识产生理解。产生理解的同时头脑中有各种各样的图式，这其中包含事件、场景、活动等。所以当一个图式代表一个场景时，大脑就对该场景所涉及的历史事件或者其他知识产生反应。

人们在理解和接受新鲜事物的时候，需要将新鲜事物的信息输入大脑中，再与过去已经学习到的知识或者背景知识串联起来。

所以教师可以利用图式理论在课堂中进行更好的教学，通过建立适当的真实的语言交际情境，并且创造出合理的话题，调动学生的积极性。这种形式可以让更多的学生参与到话题讨论中，从而对新的语言和新的语言形式的功能进行更深层次的学习，达到交流的目的。

（二）情境认知理论

情境认知理论是情境教学法的理论基础之一。它认为个体情绪至少具有三种功能：激励、强化和调节。积极、向上、健康的情绪，对认知活动具有良好的作用和影响。

情境教学法就是在教学过程中充分激发出学生积极向上的情感体验，从而帮助学生提高学习的自主性。情境认知理论认为所有的知识同语言是一样的，包含在真实的活动和真实模拟出的场景中，只有在应用的过程中才能更加充分地对其进行学习。

所以知识只有在丰富的社会实践中才可以发挥出最大的作用。从这个角度来看，真实的活动对学习者来说是有意义的活动。情境认知理论是认知学习理论的重要组成部分，它已经成为一种重要的学习理论，促进知识向现实生活情境转化。

（三）认知发现学习说

学习不是在外界环境的控制下被动形成的，而是主动地在头脑中构建出一套完整的学习模式，形成这种认知的学习结构。

学习的本质是学习者可以主动地去学习，从而构建出知识结构。所谓的认知结构就是编码系统，这个系统是特定系统，学生应该接受特定的系统，这样他们才能够将自己的想法融入整套属于自己的编码系统中。所以教学不能够让学生被动地进行知识的接受，学生应该在教学过程中更加积极地与教师进行互动，甚至可以配合教师进行学习教材的设计。

（四）建构主义理论

建构主义理论认为教学不再是简单的知识转移，而是知识的转化。教师不仅要做知识的传授者，还要关注学生对各种现象的理解，倾听他们的观点。教师是组织者、帮助者和推动者，在教学过程中，教师可以通过情境、对话、合作等帮助学生构建他们所学的知识。

建构主义强调的是知识与人和环境之间互动所产生的结构，强调的是知识与经验的双向沟通，学生不再是被动的知识吸收者，而是主动的知识构建者，这种结构的变化是不可替代的，这也就意味着学生应该更加主动地去与外界信息建立联系，同时在此基础上做出新的个人的理解的贡献。同时学习也不再是简单的经验积累，它是新旧体验之间的互动过程。

教师在教学中应该从传递知识变为综合思考，尽可能地创造当前学习内容的真实情境，通过生动的图像和情境积极建立学生的旧知识与新知识之间的联系，通过这种联系让学生可以更好地对新的知识进行理解，从而构建出全新的知识结构。

四、情境教学的原则和方法

（一）情境教学的基本原则

教学中，教师应该努力制造出一个近乎真实的场景，为学生创造出积极的情感体验，这种积极的情感体验和真实的场景可以让学生的学习变得更加轻松和愉快。

情境教学对教师的教学管理技能、资源检索技能、多媒体运用技能、知识和实践经验提出了更高的要求。该方法如使用不当，教学内容容易成为教学工具的附属物，影响教学的有效性。因此，情境教学法的应用应遵循以下基本原则。

1. 系统性原则

教学要确保语言知识是系统的和科学的；在词汇教学中，选择最常用的单词作为核心，然后逐渐扩大词汇量；通过简单的介绍，学生感受语法；在不同的阶段合理安排听、说、阅读和写作。

2. 参与性原则

在教学过程中，要充分鼓励学生参与实践。情境教学的核心是创设出多种多样的不同的学习环境，这些学习环境的创设需要每一个学生积极地去参与。情境教学的另一个重点是教师在日常的教学中需要引导学生去学习生活知识，用所学的理论知识解决生活中的实际问题，从而帮助学生积累生活的经验。在教学过程中教师应该多关注学生的内心体验和感受，从而保证学生在行为和情感上的双重参与。

3. 情境优先原则

教师要以创设情境为主，让学生在日常的生活中多去观察生活中的情境，从而帮助学生可以更快地去感知和理解新的不同的语言教材和材料，充分使用生动直观的图像和视频，调动学生原有的知识和经验，使它们串联起来，只有这样做才能够让学生更快地去熟悉新的语言形式。

4. 可操作性原则

场景的设置要更加方便和实用，同时要具备灵活性和开放性；在场景的设置中，要尽量避免过多地依赖数字媒体；同时场景的设置也要更加生动和直观。只有这样做才可以避免学生在学习的时候产生误解。

（二）创设情境的方法

1. 视觉教具

视觉教具包括具体的物体、图画、电影等。视觉教具的使用能吸引学生的注意力，使课堂生动有趣，使学生轻松愉快地感受和理解教材。教师可以制作教具或购买现成的产品，方便快捷。

2. 实物教学

实物教学是指在由具体物体所创造的场景中教学。具体物体一般适用于初学阶段的场景创造，可以吸引学生的注意力，激发学生的学习兴趣。

3. 肢体语言

肢体语言是交际过程中用来传递信息的语言。肢体语言是一种特定的身体姿态，不仅可以代替语言行为和部分行为，同时也可以独立地表达想要表达的内容。它还能够表达语言行为所不能表达的感情、态度以及内心变化。

4. 表演

表演法是一种由教师展示、学生自行表演的形象化的教学艺术。教师在表演中既能生动演绎教学内容，又能给学生的自我表演带来极大的鼓舞和勇气。

演出前，学生应明确演出的目的和任务。学生在表演的过程中，教师应积极参与其中，并可以扮演导演、评委等角色，让学生在愉快、活跃的氛围中学习语法。

5. 言语描述情境

在外语教学的初始阶段，主要是用具体的物体来创造一个客观的情境。它通过刺激学生的感官来帮助学生感知和理解教学内容，但不利于学生抽象思维能力的培养。

但是当学生掌握了一定的词汇和语法之后，就可以更好地对语言进行描述，用语言描述的情境可以培养学生的想象力和抽象思维能力，同时也可用于输入阶段和输出阶段。

在语言的输入阶段，教师可以将所要教给学生的词汇编成故事，通过这种形式将知识传输到学生的脑海中，帮助学生在脑海中构建出一个又一个不同的场景，从而帮助学生加强语感。同时在输出阶段，学生可以将自己所掌握的词汇和语法编成相应的故事，这样做可以培养学生的思维能力和创造能力。

6. 游戏

外语教学中经常会用到游戏的教学模式，这种教学模式可以将学生的积极性充分调动起来，同时可以创造出轻松愉快的学习气氛。这种学习方式不仅满足了学生对娱乐方面的需要，同时还增加了语言学习的趣味。学生也可以通过情境再现的方式进行积极的思考，增加自信心，同时培养兴趣。游戏的形式要灵活多样，符合学生的心理发展特点，根据不同的语言知识设计不同的游戏形式，让学生不断有新鲜感。

7. 多媒体教学

多媒体教学指的是整个教学过程以计算机为中心，通过视听技术与课堂教学相结合的一种模式来实现课堂教学的优化。多媒体教学可以充分激发学生的学习兴趣和积极性，创造良好的语言环境，有助于优化课堂教学。多媒体教学突破了传统的教学模式，通过现代手段营造出良好的教学气氛；同时多媒体教学在提高教学质量、激发学生的学习兴趣和创新思维等方面都有着非常重要的作用，它也是现阶段社会中不可替代的一种教学模式。

（三）情境教学的一般程序

1. 情境导入

情境导入不仅是学生接触新语言材料的阶段，也是语言学习的输入阶段。教师可以以投影等方式创设静态情境，帮助学生理解新单词和句型，建立知识点之间的联系。

2. 情境操练

这是语言材料的练习阶段，也是语言学习的半输入半输出阶段。在这个阶段，教师可以通过视频的方式创造动态的情境，让学生做机械的或选择性的练习来巩固新的语言知识。

3. 情境运用

这既是学生灵活运用语言材料的阶段，也是语言学习的输出阶段。教师可以通过创设故事情境，如角色扮演等，来培养学生灵活运用语言的能力。

（四）教师在情境教学法中的作用

情境教学法中，教师的作用主要有三种。

1. 示范作用

教师在情境教学中的示范，会使学生对将要学习的内容有大致的了解，再学习和应用起来就会相对容易很多。

2. 协调指挥作用

在情境教学法中，教师对教学的难度和进度起着主导作用。教师要通过提问和其他提示引导学生正确回答问题，学生得到正确的引导和适当的鼓励，会激发出更大的潜能。

3. 监督作用

在学生的实践过程中，教师要注意学生的语法和结构错误，及时纠正。很多错误是存在于学生潜意识中的，会在实践的过程中表现出来，教师应注意观察和聆听。

五、情境教学法的实施

长期以来，传统的语法翻译法一直主导着我国的外语教学。显然这种教学模式对于学生兴趣的培养是非常不利的，同时对于调动学生的积极性也是非常不利的。

目前，情境教学法还没有被作为一种独立的教学运作模式来使用。但近年来，情境教学受到重视并逐渐应用于外语教学实践中，取得了良好的效果。

1. 复习

首先复习之前的知识，将其作为一节课的开始，这关系到整节课的教学效果。在上课之初，教师要调整学生的状态，让他们投入学习中，使学生达到良好的精神状态，调动他们的积极性。

2. 介绍

这个环节教师将新的语言知识传教给学生，学生得到更多的感性知识。在感知阶段，新的知识信息通过学生短暂的记忆后进入学生的大脑，教师需要在日常的教学中激活这份记忆，并且构建新的语言环境。

3. 操练

在将新的知识引入后，教师应该及时为新的知识创建相应的情境，让学生可以有目的地针对新知识进行实践，使学生积极参与课堂上的各种活动。实践活动要多样、有趣，让大多数学生都能充分参与进来，在学习过程中表现出热情。

4. 练习

根据课堂中所学的知识点，有针对性地创设学习情境，培养学生灵活运用语言的能力。

5. 巩固

教师可以引导学生开展多种多样的小组活动，同时可以将所学的知识在教学活动中进行进一步的巩固和拓展，并且最终达到深化的效果。

通过情境教学法教授新的语言点，学生可以激活背景知识、激发兴趣，通过语境学习新单词和目的语。

第六章　以跨文化意识为导向的外语教学创新

文化传播需要语言，而不同的语言往往被认为是反映不同文化现实的一种极为重要的表现形式。随着文化交流的深入，人们逐渐发现跨文化交际能力在语言教学中起着重要的作用。信息技术的迅速发展使得不同国家之间的关系越来越密切，在中国经济逐渐融入全球的同时，中国也希望拥有一批具有国际视野的人才。

在我国有很多人学习外语，但外语教学的质量和跨文化交际能力往往被质疑，为了应对新时期经济全球化进程加快给外语教学带来的挑战，我国的外语教学与研究也进行了相应的变革。本章将对以跨文化意识为导向的外语教学策略创新以及以跨文化意识为导向的外语教学目标优化进行研究。

第一节　以跨文化意识为导向的外语教学策略创新

高校外语教学应该基于母语文化，对目的语文化知识的学习加以重视，并且在学习的过程中将目的语文化与母语文化进行对比。学生进行外语学习的过程也是认清自身文化身份的过程。高校外语教学的目的是让学生能够吸收目的语文化中的精华，培养跨文化交际能力，而不是形成民族中心主义。

一、转变教学方式

在当前，我国高校外语教学的形式主要是课堂教学，将学生封闭在教室中，教师对其进行外语知识的传授。但是随着科技的进步和教学理念的变革，高校外语教学出现了新的方式。

（一）以目标为指导

教师需要和学生共同努力，帮助学生提升外语水平。教学目标是具备激励作用的，它能够把人们的需求内化成动力，在学习的过程中，学生可以根据教学目标判断学习成果，切实有效地提升自身能力，完成教学目标。

（二）自主学习

学生目前能够使用科技开发出的语言学习资料自主学习外语。这种学习资料中有外语教师的语言实践经验，并且能够在学生学习之后对其进行评价和测试。自主学习资料能够降低学校开发、设计课程的成本。

学生作为学习的主体，通过独立的观察、分析和实践来实现学习目标，培养收集和处理信息、分析和解决问题的能力以及沟通与合作的能力。

（三）个性化学习

学生可以根据人文教育的理念去自主选择个性化的学习方案，选用学校规定的学习资料或自学资料进行自身学习计划的设计。个性化学习充分尊重了学生的个性，教师能够以学生的学习需求、专业以及兴趣作为基础对学生的学习状态进行及时调整。学生在这样的教学中不再被动地学习文化知识，而是以更加积极的学习态度进行外语的学习。

（四）计算机辅助外语教学

伴随着科学技术的进步和计算机技术应用的大面积普及，当前的高校教育对培养学生的跨文化交际能力以及文化知识的基础教学十分重视。计算机在信息领域有着绝对的优势，充分运用计算机进行外语教学能够有效提升学生的外语综合能力。

学生可以使用各种各样的学习软件和网络交际平台随时随地进行学习，并且对自己的学习进度与学习效果能够有直观的感受。计算机辅助教学有利于学生个性化学习，也有利于外语教师查询学生的学习记录。

（五）合作办学

当代的中国高校外语教学为了更好地给予学生跨文化交际的机会，可以与外国高校进行合作办学，采用交换生和旁听生的形式，在实践中锻炼师生的外语综合能力。这种办学形式能够给予高校的教师和学生更多的实践机会，使其在与外国师生交际的过程中进行文化输出。此外，通过这种合作办学的形式，我们也可以对外国人如何看待跨文化交际中的文化差异和交际方式等问题有更加清晰的理解。通过讲座、出国留学、游学、文化交流等活动，师生可以有更多的国际交流和自我提升的机会。

二、具备批判性思维

高校教育中最为重要的教学目的就是对学生的批判性思维能力进行培养。要不断提升学生看待问题的能力，尤其是培养学生的批判性思维能力，只有这样才能够满足社会对教育人才的需求。

批判性思维能力是评价、比较、分析、批评的能力，从某种意义上说，它是一种跳出自我，反思自己思想的能力。

语言学习在批判性思维能力提升、理解情境、合作和反思行动中起着重要作用。这也意味着，我们不仅要强调外语学习的工具性目标，还要通过外语学习培养学生的批判性思维能力。

语言可以被看作一种世界观或一种连接思想的方式，外语教学可以使学生的思维更加敏锐，培养其严谨的逻辑思维能力。外语教学的内在价值是在促进学生语言发展的同时，提高学生的批判性思维能力。

高校外语教学中实用技能的训练是培养学生批判性思维的过程，批判性思维能体现出学生的分析、论证和表达能力。

第二节 以跨文化意识为导向的外语教学目标优化

高校外语教学的目标是使学生具备以下能力：让学生具备用外语表达母语文化的能力；让学生具备理解目的语文化的能力；让学生成为跨文化人。让学生从他者的角度观察母语文化和目的语文化，反思这两种文化模式，并在此过程中建立文化身份，架起他者与自我沟通的桥梁，这是跨文化交际的需要，也是学生学习和拓宽视野的需要。

一、明确跨文化外语教学的目标

文化通常被认为是语言教学中出现的附加知识，随着社会经济的发展和交际性语言教学的演变，外语教学的重点已经从传统的语言知识教学层面转向语言语用教学和技能教学层面。文化教学的目标也从单纯传递目标文化的信息转变为提高学生的实际交际能力。

在新时期的语言文化教学中，仅仅了解目标文化的知识，在目标文化环境中培养正确的交际行为是不够的，跨文化能力的培养应该提高到一个更高的目标水平。

以跨文化意识为导向的外语教学

（一）"显性"文化学习路径

"显性"文化学习是相对独立于语言学习的，是相对直接的、聚集的文化学习路径，主要是为学生提供一个系统的知识框架，促进他们对整个文化的理解。

它可以体现在外语课堂中常用的文化引导上，这方面往往侧重于文化知识点的系统教学，包括以下几个方面：

①知识文化。
②文化因素。
③词语的文化语境。
④话语和话语结构所涵盖的文化因素。
⑤非语言形式的文化背景知识。

这是学习者在交际活动中发展交际能力和思维能力的要求，也是学习者在跨文化交际中的实际需要。

（二）"隐性"文化学习路径

"隐性"文化学习与语言学习相融合，往往是一种间接的、分散的文化学习路径。"隐性"文化学习路径重视学生的主动参与，这种主动参与会渗透到语言学习的相关过程中，影响我们的思维方式，帮助学习者熟悉自己文化中隐藏的内容。其最终目标是培养跨文化交际能力。

1. 普通目标

普通目标主要是希望学生有一个稳定的知识、技能和价值体系：

①了解本民族文化和目的语国家的风俗习惯和社会制度。
②可以向他人介绍我国文化。
③具备与目标语言文化背景的人进行交流的能力。
④尊重他国文化，态度积极，具有较强的文化敏感性。
⑤依靠文化知识和交际策略发展人际关系。
⑥可以在跨文化学习的过程中提高自己。

2. 更高目标

更高的目标主要是针对外语水平高、外语学习动机强的学生来制定的，除了完成以上的普通目标外，还应做到：

①对本民族文化和目的语文化的共同习俗和社会制度有更深入的了解。
②能进行灵活有效的跨文化交际。

③具备跨文化活动的组织协调能力。

学校应该把培养目标放得更长远些,这样学生就可以开展有关跨文化交际能力的实践活动,创造一个良好的文化学习环境。

二、基于外语教学目标的优化措施

(一)教师层面

在我国高校外语教学中,更多的是注重如何进行教学,忽视了学生在学习中的积极作用。高校外语教学应顺应学生的成长与发展规律,应该注意学生的个体因素。

我们可以借鉴欧美的理论和流派,不过不能直接用在中国的高校外语教学中,我们需要将这种外来的理论和流派进行本土化应用。教师应该在外语教学中努力了解学生的需求并尽力满足,同时还需要对不同个体的差异进行研究。

1. 教师对跨文化交际能力和跨文化教学的理解模糊

因为当前有很多教师并没有深入地研究跨文化教学理论,他们在教学的过程中通常会根据自己以往的教学经验和教学观念进行课堂教学,这样的行为使得教学任务的难度增加。教师需要具备一定的语言能力才能够进行跨文化交际的教学活动,教师与学生的语言能力达到一定的水平才能够进行流畅的沟通。然而,由于缺乏相关的文化学习和研究,跨文化教学往往流于表面,深层次的文化概念挖掘、思维方式和价值探讨难以深入,跨文化教学缺乏思考的乐趣。

优化措施:为教师提供跨文化培训机会,跨文化交际能力的培养可以在短时间内达到效果。

(1)文化实训

通过讲座、案例分析等方式向教师传授知识,帮助教师掌握跨文化交际的重要概念。

(2)文化意识培训

帮助教师增强跨文化敏感性。

(3)认知行为调整

帮助教师对文化教学目标有良好的定位。

(4)互动学习

帮助教师更好地设计教学大纲和教学计划。

(5)体验式学习

帮助教师更好地选择合适的教学方法。

2. 教师的跨文化知识结构欠缺

跨文化交际具备非常明显的跨学科性，因此，跨文化交际是一门跨学科性质非常强的学科领域，需要外语教师对知识结构进行重塑。

通常情况下，许多高校的外语教师的知识结构比较单一，对文化知识的储备并不足以支撑其进行跨文化交际教学。

外语教师通常来自外语专业，没有其他专业背景。

大多数的高校教师将时间放在教学与研究自身学科的论文上面，很少有时间进行文化知识的学习，提升自身的文化知识水平非常困难。

优化措施：对教师的文化知识结构进行改善。即便高校的外语教学课程不是专业的跨文化交际课程，但是教师仍然需要具备足够的文化知识储备量来提升自身的跨文化交际教学能力。

①教师需要增加自己的文化知识，包括文学、历史、地理等方面的知识，自觉做好积累工作，形成一套自己的文化教学方法。

②教师应该提升自身对文化的敏感性，以及加强自身的语言能力，要能够从文化的层面对语言现象进行研究和解释。

③教师应该提升自身的交际能力，掌握更多的交际知识，同时还需要积累自身的交际实践经验。

3. 教师对跨文化教学的认识和教学实践不相符

我们从高校外语教学的目的来看，就能够发现高校外语教师实质上是具备高度的统一性的。在教师看来，外语教学的目的之一就是教会学生说外语，并能够让学生使用外语与目的语国家的人进行交际，而跨文化交际成功的基础之一便是具备文化知识。

同时，高校外语教学应帮助学生提高文化意识，妥善处理文化差异，培养学生相对开放的文化价值观。

但是，我们能够在教学活动的过程中发现教学实践活动并没有按照教学理念进行。虽然也有很多教师认识到跨文化交际教学的重要性，但是在具体的教学活动之中，他们还是将文化知识教学视作一种可有可无的"添头"，并且很多高校的外语课堂教学方式十分单调，很少开展课堂教学讨论等跨文化体验活动。

优化措施：加强教师对跨文化交际能力的认知。

理论知识往往被认为是高校外语教师的薄弱环节，对于大多数高校外语教师来说，要加强自己对跨文化交际能力的认知，就必须在阅读文学作品的基础上明确跨文化交际能力的构成要素。同时,我们应该改变过去单一的教学理念,将语言教学与文化教学相结合,从而提高跨文化交际能力。

教师想要快速地提升自身的跨文化交际教学能力,最简单的方法就是进行文化学习,这也是教师提升自身综合教学能力最简单的方法。在每一轮备课中,教师都需要收集新的信息,更新教学内容,改进教学方法。

(二)学生层面

通常情况下,我们会认为学生才是跨文化教学的主体,学生对跨文化学习的态度是影响跨文化教学效果的关键因素。我们能够从三个方面对高校外语学生的跨文化交际能力的不足进行分析,这三方面分别为认知、情感以及行为。

1. 学生的跨文化意识薄弱,对跨文化学习不了解

(1)对文化的理解是狭隘的

当前中国高校学生对文化的价值观和与文化相关的历史知识不够重视,所以,学生在面对文化知识盲区或不同文化时往往会使自身的眼光和思想变得狭隘。

(2)文化敏感性低

伴随着经济全球化进程的加快,我国的高校学生虽然对跨文化交际能力的重要性有了新的认识,但是对文化的敏感性还不足以支撑他们进行成功的跨文化交际。有些学生对文化知识的学习并不重视,甚至还有些学生认为文化知识的教学会打消他们学习外语的积极性。这代表着学生对教材中的文化知识内容没有正确地认识,他们并没有进行深入的思考和学习文化知识,并且对跨文化能力需求的了解过于片面。

同时,经过多年的调研后,我们发现我国高校学生所掌握的文化知识不足,这与我国长时间以来在外语教学中过于强调语言能力的提升有关。但是长时间的语言能力培养并没有使学生达到提高语言能力的目的,相反,这种过于强调语言能力训练的教学理念在某些方面影响到了学生学习语言文化知识的积极性。

优化措施:树立平等的文化观,培养文化移情。

平等的文化观是跨文化交际成功的基础,只有相互尊重,才能完成文化之间真正的交流。

文化移情往往是指交流双方站在对方的角度考虑问题,能够跨越各自的文化思维模式,理解和尊重对方的思想,合理地表达自己的观点。

2. 学生对跨文化学习持消极、被动的态度

跨文化交际能力的情感因素主要包括共情、克服偏见和民族中心主义。

从情感层面而言，学生的跨文化交际能力不高是由于他们对学习跨文化交际的积极性不足，出现这种现象主要有以下两个原因：

第一，学生在学习时带有功利性质的思想。我国的学生从小学开始接受的便是应试教育，这使他们的学习带有目的性，只重视考试，从而导致学生在进入高校后始终在潜意识中维持着这种被动的学习思维，这也是导致高校学生不重视文化知识的重要原因。

第二，文化狭隘的原因之一是文化环境单一。我国高校学生与目的语国家的人交流的机会很少，这导致他们根本没有机会使用外语与外国人进行交流。很多学生认为如果他们毕业之后所从事的工作与外语无关，那么就不需要学习外国的文化知识；还有些学生认为学习外语是一种崇洋媚外的表现。这种狭隘的文化思维一方面表现出我国当代的高校学生缺乏平等的观念；另一方面则凸显出当代大学生心理尚不成熟。

学生在情感层面所表现出的问题是，他们对跨文化交际事件本身有恐惧感，他们害怕与外国人交流。这代表着学生的文化知识是比较匮乏的，因此很难产生文化认同。在交际活动中，如果我们能够对不同文化在行为方式和价值观上的差异有一定的包容性，在交际中的愉悦感自然会上升。

优化措施：促进文化知识学习，加强自身的文化认知。

文化知识的获取对于提高跨文化交际能力来说至关重要，在安排文化教学时，教师要把握文化教学知识的逻辑性和系统性，由外向内，由具体到抽象，逐步让学生有机会深入文化主题。

同时，教师要懂得如何挖掘教材的文化信息，如何整合教材。文化能力评价机制的引入也能在一定程度上刺激学生开展跨文化学习。

3. 学生缺乏实际的跨文化交际

解决跨文化交际问题的能力、建立和维系跨文化交际关系的能力以及完成跨文化交际的能力是跨文化交际能力中的行为因素。

中国高校学生的跨文化交际能力不足，究其原因是由于我国高校学生参与跨文化交际活动的积极性并不高。

优化措施：高校需要为学生提供更多的跨文化交际实践活动，锻炼学生的跨文化交际能力。学生要将在课堂上所学到的语言知识、文化知识、语言技能转化为实际的交际行为，教师还需要在学生交际的过程中正确引导学生的交际行为。

（三）教材层面

教材是课堂语言输入的主要材料，是决定跨文化教学的主要因素。教材具有权威性、真实性和准确性的特点，是课堂教学的基础。

然而，教材也有局限性，这将受到社会、学习者和教师需求的影响。

①教材应符合学习者的需要，与语言教学的目的和任务相匹配。

②教材需要反映当前语言的使用情况。

③教材需要关注学习者的需求。

当前，高校外语教材在高校中广泛使用，从跨文化教学任务和学生需求的角度来看，已经不能满足跨文化教学的需要。

1. 跨文化内容在教材中较为匮乏

当前高校所使用的教材基本都是直译的版本，这就导致教学中的语言知识和文化知识过于简化，不利于培养学生的文化价值观，这明显与高校外语教学的目的是相悖的。况且，目前高校所使用的教材，中国文化知识涉及较少，这也在某种程度上导致学生出现"中国文化失语症"。显然，这不利于培养学生平等多元的文化价值观。

优化措施：开展跨文化需求分析，将跨文化教学任务渗透到教材编写中。

教材编纂者首先要做好文化需求分析工作，内容应体现文化的多样性、视角的多样性、问题的多样性和答案的灵活性，教材设计应涵盖目的语文化和学习者自身的文化，因此，有必要对教材编写进行思考。同时，教材设计中的语言实践应与文化学习相结合，为学生提供更多的文化观念和文化体验。

2. 跨文化内容的系统性不强

当前高校外语教材的特点是强调语言能力的培养，主要的搭配练习仍然是选词、翻译、完形填空等。教材中的内容基本上没有基于文化的语言练习，这显然不能满足跨文化教学的需要。

①各单元的教学任务没有反映跨文化教学任务。

②当今的主流教科书没有以文化为主线，文化信息的呈现分散，相关背景信息不多，习题中没有引入文化知识。

③教科书上的注释信息表达不全面。

④大部分练习以语言训练为基础，没有与跨文化交际相关的知识。

教师提供的补充材料并不能保证对文化内容的深入挖掘，这将进一步削弱学生的活跃思维能力。

优化措施：挖掘现有教材的文化元素，拓展跨文化教学内容。

对于教师来说，改进跨文化教学最直接的方式就是进一步探索文化元素，为学生设置跨文化学习任务。对教材的挖掘是对教师文化敏感性和创造性的考验，这要求教师运用自己的文化敏感性，在现有的教材中挖掘出有价值的文化知识信息，为学生们设计跨文化学习的任务，引导学生进行相关的思考。在备课时，教师需要重视文化知识信息，引导学生主动去思考目的语的文化信息，这种教学方式通常会取得良好的效果。

（四）教学评价层面

在高校外语教学中，教学评价是最容易被忽视的一个重要环节。教学评价往往会被认为是一种评判教学效果的方式方法，而评价后所提出的意见能够为提升教学质量提供有效的反馈信息。

在高校外语教学的课堂上，教师还没有足够的跨文化交际能力测试意识。虽然也有教师设计出的课堂任务和教学活动涉及跨文化交际能力的应用，但是教师对如何测试学生的跨文化交际能力还没有好的方法，因此也无法对测试方法进行评价，学生也无法对教师的教学方式和测试手段进行有效的反馈。所以，在高校外语教学中，教学评价体系的建立与应用所起到的作用极大。

1. 高校外语教学评价体系的确立

随着经济全球化的深入，我国与国际社会的交往愈发频繁和密切，这就要求高校培养出更优秀的外语人才。高校外语教学的飞速发展、高校外语教学分级考试的普及都对高校外语教学培养外语人才提出了新挑战。目前，我国高校外语专业招生人数在不断增加，但是随之而来的学生数量与教学质量之间的矛盾也逐渐凸显出来，这也是当前我国高校外语教学改革的重点问题。

高校外语教育评价体系建立的目的是检查并规范我国高校外语教学，尤其是对外语教学大纲的实际应用情况进行检查。

2. 高校外语教学评价体系和外语教学大纲对课程的基本要求

它所做的各项规定，对全国各类高等学校的外语教学均有指导作用，也是组织教学、编写教材和检查与评价教学质量的依据。

在高等学校外语教学评价指标等级标准中有规定，外语学科的定位需要与高校的整体规划、现有的教学条件以及外语学科的基本规律相符合。外语学科需要有明确的专业方向、有专业的学科构建体系、遵守教学规律、符合当前学校教学条件、满足对外开放以及社会发展和经济建设的需求。课程的设计要符合外语教学大纲的要求，专业必修课和主要的专业选修课均能开全，基本没有"因人设课"的现象。

3. 对外语课程的评价

教学研究室和教学研究小组通常会进行教学评价方案的设计与规划。我们在对一些教师的调查结果进行整理后发现，当前高校的期中考试与期末考试的试卷是统一进行设计的，主要目的是检验学生对教材中知识点掌握的情况，考试的题型仍然是传统题型，这种试卷不能将学生的外语应用能力进行很好的展现。调研结果表明终结性评价和形成性评价结合的方式已经受到所有调研院校的认可，但是各校的终结性评价方式受到所在院校的团队建设和测试理念的影响，学生和教师对形成性评价接受程度的差异说明了教学评价改革的关键在于教学团队和教师，外语专业教师和非外语专业教师对课程评价的不同话语权体现了教师个人信念对评价的影响。

4. 教学评价中存在的问题

教学评价中存在的第一个问题是教学评价与教学实践结合不够。高校外语课程改革是一个系统工程，在具体教学实践中，这个系统主要涉及"教、学、考、管、研"等环节。这几个环节是一脉相承、无法割裂的。但在实际的教学实践中，这些环节所占的比重却不是那么均衡，在教学实践当中，采用传统课堂与网络授课相结合的教学模式，这种模式充分利用了两者的优势，也取得了一定的教学效果。相关的研究表明，实行这样的教学模式后，不管是传统的期末考试，还是每年举行的英语"四六级"考试，合格率明显提升，其中比较明显的就是外语听力单项考试。这种教学模式也受到了学生的极大欢迎，原因是学生可以根据自己的具体情况合理调整自己的学习时间和进度。与此同时，教师在教学的过程中，还可以根据时代的不断变化，与时俱进地增加学生的专业知识。但是在教学管理层面，很多学校的相关部门仍然使用相对过时的评价制度，并没有对当前的教学现状进行相应的综合研究和调整，导致教学评价无法跟进教学实践，教学改革的效果也大打折扣。

教学评价中存在的第二个问题就是忽视了学前评价。例如，在《大学英语课程教学要求》的指导下，国内高校目前普遍构建了形成性评价和终结性评价相结合的体系。教学评价的内容更加丰富了，这对于教学过程的跟踪以及教学过程中出现的问题的解决很有帮助，一定程度上来说，有效促进了教学改革的发展与健全。但我们也不能忽略这一评价体系的漏洞，其中一个明显的漏洞就是学前评价表现出来的。对于教师的教学来说，学前评价能够帮助教师有效了解学生，并有针对性地调整教学内容和步骤；对于学生来说，学前评价也能让学生了解自我，充分认识自己的学习水平和学习目标，从而制订个性化的学习计划，使教学效果能够稳步推进，并有据可循。虽然现阶段已经有部分高校对学生进行了学前评价，但是这么做的一个主要目的是将学生分为所谓的一二三等，并根据相应的等级规定学生的专业考试安排或阶段学习。很明显，这与学前评价的本来目标有很大出入，也是当前高校外语课程评价中亟待调整的一个重要环节。

教学评价中存在的第三个问题就是形成性评价未能付诸实践。我们知道，形成性评价和终结性评价不管是在评价的目的、时间，还是评价的参与人员、评价的工具和影响等方面都存在着本质的差异。在当前已经成立的形成性评价和终结性评价体系当中，从总体效果上来说，终结性评价不管是从评价的内容、形式方面，还是评价的手段方面，基本上能达到《大学英语课程教学要求》的标准。而形成性评价就相应存在一些问题，由于形成性评价具有较强的灵活性，因此，不同的高校在实行的过程中具体的操作也各不相同。

例如，段竹英教授调查研究了云南大学英语教学中的形成性评价的实践情况，发现该校的形成性评价与《大学英语课程教学要求》中所强调的形成性评价存在较大差距，从本质上来讲，该校实行的形成性评价依然属于终结性评价的范畴，也正是基于这些论点，段竹英写了《"形成性"评估还是"终结性"评估？——云南大学大学英语形成性评估现状研究》这篇文章。我们也有理由相信，这样的形成性评价也不会仅仅出现在云南大学这一所高校中，很大一部分高校都是把形成性评价当成终结性评价来做的。对于形成性评价来说，其内容、方法、手段的制定者不是广大的参与者，也就是教师和学生，而是高校外语教学管理部门。在面对形成性评价时，教师通常将其作为学生平时成绩的一种评定手段，而学生也仅仅是知道自己的成绩，具体的信息反馈却无从得知，也就无法弥补自身的不足。这就充分说明，形成性评价到目前为止依然处于客观测试和教育测量阶段，这也就和现代教育评价所提倡的"多元模式"和"行为表现评价"的理念存在很大差异。

5. 高校外语教学评价的相应对策

要想解决以上教学评价中出现的问题，首先需要做的一点就是提升认识，注重教学过程和教学评价相结合。相对于比较传统的终结性评价来说，形成性评价是一个比较新的概念，该评价模式的实行需要一个过程。这个过程不仅是实行的过程，同时也是教学各界观念改变的过程。在这个过程当中，外语教学的管理部门、教师、学生都要加强理念上的认识，注重教学评价和教学过程的结合，任何一个环节没有跟上，都有可能延缓形成性评价的脚步，影响形成性评价的效果。对于管理部门来说，对高校外语教学进行改革要从宏观角度认真审视并统筹谋划，兼顾课程改革的每一方面，做到有的放矢，但不能厚此薄彼或顾此失彼；高校在制定政策和经费投入上也要兼顾教学、考试和管理等不同方面；高校外语教学和研究部门对相关问题则要从理论和实践两个层面进行研究，使高校外语课程改革能够实现全面和可持续发展。

其次需要做的就是不断完善学前评价。虽然学前评价到目前为止并没有纳入《大学英语课程教学要求》的评价体系当中，但随着课程改革的不断推进，学前评价必将作为评价当中的重要一环。目前，已经有部分高校的外语教学和研究部门开始注意到学前评价的重要性，并针对一些问题积极开展相关的研究和思考，他们组建相应的课题组，通过网络等技术进行科学全面的学前评价、形成性评价和终结性评价，使高校外语课程的评价体系不断健全和完善。

最后，要敢于实践，不断强化教学实践过程中的形成性评价。在很多高校，由于高校教师有比较繁重的教学任务，一定程度上影响了教学过程中的形成性评价。部分高校的外语教学管理部门和一些教师还没有对形成性评价和终结性评价进行明确的区分，这些都是形成性评价实行过程中的障碍。只有不断学习，提升认识，以高度负责的态度推进高校外语教学改革实践，才能在实践的过程中论证形成性评价对教学实践的积极意义。而现阶段，高校面临的第一个问题就是如何通过实践将形成性评价融入教学的每一个环节当中，跟踪教学过程，观察、评价和监督学生的学习过程，促进学生有效学习，实现最终的教学目标。

参考文献

[1] 束定芳. 现代外语教学：理论、实践与方法 [M]. 上海：上海外语教育出版社，1996.

[2] 庞维国. 自主学习：学与教的原理和策略 [M]. 上海：华东师范大学出版社，2003.

[3] 魏朝夕. 大学英语文化主题教学探索与实践 [M]. 北京：中国农业科学技术出版社，2010.

[4] 庄恩平. 跨文化外语教学：研究与实践 [M]. 上海：上海外语教育出版社，2013.

[5] 贾玉新. 跨文化交际理论探讨与实践 [M]. 上海：上海外语教育出版社，2012.

[6] 孙有中. 跨文化研究前沿 [M]. 北京：外语教学与研究出版社，2010.

[7] 陈国明. 跨文化交际学 [M]. 上海：华东师范大学出版社，2009.

[8] 国家汉语国际推广领导小组办公室. 国际汉语教师标准 [M]. 北京：外语教学与研究出版社，2007.

[9] 李晓琪. 对外汉语文化教学研究 [M]. 北京：商务印书馆，2006.

[10] 李小融. 教育心理学新编 [M]. 成都：四川教育出版社，2005.

[11] 罗明东. 教育技术学基础：现代教学理论与信息技术整合的探索 [M]. 北京：科学出版社，2007.

[12] 任长松. 探究式学习：学生知识的自主建构 [M]. 北京：教育科学出版社，2005.

[13] 周新桂，费利益. 探究教学操作全手册 [M]. 南京：江苏教育出版社，2010.

[14] 程晓堂. 任务型语言教学 [M]. 北京：高等教育出版社，2005.

[15] 库伯. 体验学习：让体验成为学习和发展的源泉 [M]. 王灿明，朱水萍，

译．上海：华东师范大学出版社，2008．

[16] 闫文培．全球化语境下的中西文化及语言对比 [M]．北京：科学出版社，2007．

[17] 李建军，李贵苍．跨文化交际 [M]．武汉：武汉大学出版社，2011．

[18] 陈许，郭继东．高校外语教学的理论探索与实践创新：外语教学研究文集 [M]．杭州：浙江大学出版社，2011．

[19] 李定仁，徐继存．教学论研究二十年 [M]．北京：人民教育出版社，2001．

[20] 胡超．跨文化交际实用教程 [M]．北京：外语教学与研究出版社，2006．

[21] 吴育红，贾凤梅．实施学案导学的关键点 [J]．教育理论与实践，2009（35）：51-52．

[22] 吴小丽．大学英语文化教学的现状与对策 [J]．发展，2013（2）：123-124．

[23] 王东霞．跨文化语言教学现状分析及对策研究 [J]．大连大学学报，2010（4）：124-126．

[24] 王克非．外语教育政策与社会经济发展 [J]．外语界，2011（1）：2-7．

[25] 王宇．大学英语教学与跨文化交际能力的培养 [J]．黑龙江教育学院学报，2008（11）：141-142．

[26] 胡文仲．论跨文化交际的实证研究 [J]．外语教学与研究，2005（5）：323-327．

[27] 陈向明．参与式方法：发展西部教育的一个重要途径 [J]．教育研究与实验，2000（5）：55-59．

[28] 姚晓燕．参与式教学模式评价 [J]．河西学院学报，2003（4）：91-93．

[29] 张蓉．体验式教学模式浅析 [J]．四川教育学院学报，2006（6）：63-64．

[30] 韩金龙，徐鹰．大学英语体验式教学模式下的多元评估体系建设 [J]．长春大学学报，2010（8）：93-96．

[31] 胡壮麟．社会符号学研究中的多模态化 [J]．语言教学与研究，2007（1）：1-10．

[32] 朱永生．多模态话语分析的理论基础与研究方法 [J]．外语学刊，2007（5）：82-86．

[33] 王海啸. 体验式外语学习的教学原则：从理论到实践 [J]. 中国外语，2010（1）：53-60.

[34] 张德禄. 多模态外语教学的设计与模态调用初探 [J]. 中国外语，2010（3）：48-53.

[35] 邹薇. 文化差异与跨文化交际能力 [J]. 长沙大学学报，2010（1）：113-114.

[36] 余娟. 从语言学习到文化理解：论外语课程教学的文化立场 [D]. 武汉：华中师范大学，2011.